CLEBERSON EDUARDO DA COSTA

LA SOCIEDAD DE RICOS SIN DINERO

IDEOLOGÍA, HEGEMONÍA CAPITALISTA Y EL
MITO DEL ÉXITO ESCOLAR

Atsoc Editions

CLEBERSON EDUARDO DA COSTA

LA SOCIEDAD DE RICOS SIN DINERO

IDEOLOGÍA, HEGEMONÍA CAPITALISTA Y EL MITO DEL ÉXITO ESCOLAR

Atsoc Editions

1ra edición

Título: LA SOCIEDAD DE RICOS SIN DINERO: IDEOLOGÍA, HEGEMONÍA CAPITALISTA Y EL MITO DEL ÉXITO ESCOLAR.

1a edición en portugués

Todos los derechos reservados para esta edición: el autor

Autor: *Cleberson Eduardo da Costa*

Cubrir: *Cleberson Eduardo da Costa / Atsoc Editions - editor*

Revisión: *Cleberson Eduardo da Costa / Atsoc Editions - editor*

Idealización: *El autor*

Diseño gráfico y editorial: *Cleberson Eduardo da Costa / Atsoc Editions - editor*

Datos de catalogación internacional en la fuente de todos los derechos de autor

C00147A Costa, Cleberson Eduardo Da.

La sociedad de ricos sin dinero: ideología, hegemonía capitalista y el mito del éxito escolar / Cleberson Eduardo Da Costa, Ediciones Atsoc: Río de Janeiro, 2019.

1. Filosofía; 2. Sociología 3. Educación; 4. Pedagogía; 5. La sociedad de ricos sin dinero. Título I.

DEDICACIONES PARA: VICTORIA MAGALHÃES DE JESUS COSTA, MI HIJA; Y PARA TODOS LOS QUE DIRECTA Y / O INDIRECTAMENTE CONTRIBUYERON A LA REALIZACIÓN DE ESTA OBRA, COMO MIS HERMANOS CLEVERSON EDUARDO DA COSTA Y LEANDRO COSTA; MIS HERMANAS GLAUCIA CRISTINA COSTA Y RENATA MICHELE COSTA; MI MADRE, MARIA DAS DORES COSTA; Y LA MADRE DE MI HIJA VICTORIA, FLÁVIA MAGALHÃES DE JESUS, A MI SOBRINO JOÃO VITOR Y A MIS NIECES ISABELA Y DUDA.

PRESENTACIÓN

Fueron y, todavía hoy, los albores del siglo. XXI - Son muchos los que, guiados por las ideas político-económicas del pensamiento marxista, abogaron y abogan por el "fin del capitalismo".

Abogaron y defienden que, siguiendo un proceso materialmente dialéctico de la historia, la "sociedad política" capitalista sería o será también naturalmente incorporada por la "sociedad civil", dando lugar a una sociedad "llamada perfecta" o comunista, sin clases, en el que todos los hombres excluidos, en él, quedarían finalmente libres de injusticias y / o desigualdades sociales.

Lo que sí es evidente, sin embargo, es que, históricamente, el capitalismo --a pesar de haber atravesado numerosas crisis y ser también un sistema político-económico cuya clase y / o grupo social tiene, en esencia, como principio, para desagregar más miembros del que propiamente agregado - siempre ha mantenido su hegemonía. Es decir, contrariamente a las tesis marxistas sobre su supuesto fin, el capitalismo, según los primeros análisis político-económicos del italiano Antonio Gramsci, también trajo consigo la llamada "Hegemonía", convirtiéndola, por su carácter ideológico, en paralizar, y no solo condicionar la "dialéctica de la historia". En otras palabras, hacer que el capitalismo, como sociedad política, a través de la ideología, siga siendo la clase dominante y no sea incorporado por la "sociedad civil".

El objetivo de nuestro trabajo, por tanto, es realizar un estudio sobre las cuestiones que rodean las relaciones ideológicas entre la (por nosotros llamada) "Sociedad de los ricos sin dinero" y el capitalismo, en la medida en que lo es en las sociedades post-occidentales. ha sistematizado y difundido en el imaginario sociocultural del proletariado (en forma de valores y principios), sus ideales y / o ideas, cooptándolos, sin, sin embargo, en el mismo proceso, socializar y / o redistribuir también los medios materiales de producción social de la existencia. Esto, para nosotros, es evidente como una de las formas más radicales, y al mismo tiempo sutiles, de hegemonía capitalista presentes en el siglo XXI.

Nuestro objetivo, por tanto, será también buscar comprender cómo, a través de la ideología del "Éxito Escolar, ligado a la idea de ascenso social", la educación se concibe ahora, socialmente, como un producto, y la Escuela, en el mismo camino, sistematizado como aquel cuya función no es sólo formar mano de obra barata y denominada calificada para la formación del ejército de reserva (recomendado por Marx), sino también, socializando a los individuos, hacerlos incorporar, como propios, capitalistas. valores y principios (consumismo, meritocracia, individualismo, etc.).

Esperamos que este trabajo pueda contribuir no solo a la formación de una generación más crítica, sino también más solidaria, ética y políticamente participativa.

El autor

SOBRE EL AUTOR

Cleberson Eduardo da Costa(más de 100 libros publicados, muchos de ellos traducidos a otros idiomas), nacido en Río de Janeiro, egresado de la UERJ (Universidad Estadual de Río de Janeiro / 1995-1998), Postgrado en Educación (UCAM - Universidad Candido Mendes), Postgrado en Filosofía y Derechos Humanos (UCAM - Universidad Cándido Mendes), Magíster y Doctor (libre) en Filosofía del conocimiento (epistemología) y Pedagofosofía Clínica (FUNCEC - investigación, docencia y extensión), Investigador, Catedrático de Universidad, Especialista en metodología de la educación superior, Licenciatura en Fundamentos, Sociología, Psicología y Filosofía de la Educación, Didáctica, EJA (educación de jóvenes y adultos) etc.

Además, fue Alumno Especial de la Maestría en Educación (1999-2001 / PROPED / UERJ), matriculado, tras aprobar un examen público, en las asignaturas [seminarios de investigación] "ESTADO DE FILOSOFÍA" (impartido y coordinado por el Profesor Dr. Lillian do

Valle); y "POLÍTICAS EDUCATIVAS EN BRASIL Y AMÉRICA LATINA" (impartido y coordinado por el Profesor Dr. Pablo Gentili).

También estudió en el curso de MBA en Dirección de Empresas de FUNCEFET / RJ / Região dos Lagos (2003-2005); en el Posgrado en Administración y Planificación de la Educación de la UERJ (1999-2000); y realizó varios cursos abiertos y / o avanzados en las áreas de filosofía y psicoanálisis por diversas instituciones, entre ellas la FGV (Fundação Getúlio Vargas) y la SBPI (Sociedad Brasileña de Psicoanálisis Integrado).

De 1998 a 2008 se desempeñó como profesor de educación superior (Instituto de Educación Superior UCAM / Universidad Cândido Mendes) en los campus universitarios de Niterói, Nova Friburgo, Araruama, Rio de Janeiro, Teresópolis, Rio das Ostras, etc. Participó (en su trayectoria intelectual profesional y / o académica) en diversas investigaciones, como por ejemplo, el proyecto UERJ-DEGASE, relacionado con (EJA) y también en investigaciones centradas en temas políticos, filosóficos y pedagógicos con profesores de renombre como como Pablo Gentili (UERJ / CLACSO), Cleonice Puggian (UNIGRANRIO), Carla Imenes (UEPG), Cristiane Silva Albuquerque (UERJ), Marco Antonio Marinho dos Santos (OCA / RJ) entre muchos otros.

Actualmente se dedica a la docencia universitaria; a la investigación en educación; consultas relacionadas con la educación, en el sentido de superación, superación y desarrollo humano; a las conferencias académicas y multiorganizacionales ya la producción de trabajos en los más diversos campos del conocimiento.

clebersonuerj@gmail.com

CONTENIDO

LA SOCIEDAD DE
RICOS SIN DINERO
IDEOLOGÍA, HEGEMONÍA CAPITALISTA Y EL MITO DEL ÉXITO ESCOLAR

UNIDAD I

HEGEMONÍA CAPITALISTA EN EL SIGLO XXI
LA SOCIEDAD DE RICOS SIN DINERO

I. 1 - HEGEMONÍA CAPITALISTA EN EL SIGLO XXI: la ideología formadora de la "sociedad de ricos sin dinero".

I

Así escribieron Marx y Engels en el Manifiesto Comunista:

> "La sociedad burguesa moderna, que se ha levantado sobre las ruinas de la sociedad feudal, no ha abolido los antagonismos de clase (...). La sociedad se divide cada vez más en dos vastos campos enemigos, en dos clases diametralmente opuestas "(burguesía y proletariado). (p.195)

Según ellos, Marx y Engels, la lucha de clases, o mejor dicho, el enfrentamiento directo entre explotados y explotadores, solo desaparecería de un supuesto "cambio cualitativo" de la sociedad capitalista a la sociedad comunista, que se originó a partir de un proceso materialista. de la historia, en la que todos los hombres de los que se dice excluidos, en ella, quedarían finalmente libres de

17

las llamadas "injusticias y / o desigualdades económico-sociales".

Así, Marx y Engels predijeron el llamado "fin del capitalismo": su llamada "absorción natural" como una "sociedad política"[1], por la "sociedad civil[2]", Culminando en su gran ideal de sociedad.

Esta supuesta realización de la concepción del "fin del capitalismo", sin embargo, a pesar de ser vista como un "proceso dialécticamente natural de la historia", no ocurriría (como no ha sucedido y no ha sucedido hasta hoy) de una manera "consensual y / o consentido, y mucho menos pasivo o sin resistencia, por parte de los capitalistas, como sociedad o clase económico-política. El mismo Marx llamó nuestra atención sobre el poderoso efecto del "idealismo hegeliano",

---

[1]Sociedad política - corresponde, en las sociedades capitalistas, al grupo y / o clase de individuos que, a través del control del Estado, tienen hegemonía sobre otras clases, especialmente el proletariado, concentrándose en sí mismo, además del poder económico, también el poder cultural e institucional. También puede entenderse como la élite económica que domina la vida de la Polis (superestructura).

[2] Sociedad civil - corresponde, en las sociedades capitalistas, al grupo y / o clase social corresponde al proletariado, es decir, un grupo de individuos que, en lenguaje marxista, no poseen los medios materiales de producción de la existencia y, por tanto, porque de la necesidad de subsistencia, no participa activamente en la vida de Polis.

cuando los capitalistas lo transformaron en una concepción política conservadora y / o en un simulacro, ya que esta misma ideología, dentro de la sociedad, tenía y / o tiene el poder de contener, interrumpir y / o cambiar el curso dialéctico de la historia, es decir, invertir la realidad. En palabras de Marx:

> "La ideología busca cambiar el rumbo de la historia, que naturalmente se encamina hacia una sociedad más justa y libre (...)".

Como mecanismo de hegemonía capitalista (superestructuralmente hablando, es decir, en términos de imposición de una cultura, que contiene en ella principios, valores, formas de ser, sentir y actuar, etc.), la ideología tiene el poder de formatear o condicionar psiques convergentes a la sistematización de sus contenidos éticos y, por tanto, de la misma manera, también para distorsionarlas y / o paralizarlas, como clases dominadas ideológicamente, a la necesidad de buscar cambios estructurales en el orden social actual. Es imperativo decir, sin embargo, que las ideas de Karl Marx (y no hay exageración en esta afirmación) pueden haber dado – aunque esa fuera su intención – la clave para que los capitalistas, como clase opuesta a los proletarios, objetivo: mantener el status quo y / o su hegemonía, hacer uso de la ideología,

1- Mediante el uso sistemático de la ideología, los capitalistas posmodernos de hecho parecen haber paralizado la dialéctica material de la historia defendida por Marx, consagrándose en el poder como una clase hegemónica, en la medida en que, en los albores del siglo XXI:

2- "Las sociedades capitalistas occidentales están siempre cambiando", a través de los procesos de fomento del consumo, denominados "obsolescencia programada", pero sin, sin embargo, en este mismo sistema ideológico, cambiar realmente. O sea:

3- Sin, de hecho, como sociedad política, ser incorporada por la sociedad civil, en el sentido visionario de Marx".
(énfasis mío)

En otras palabras, como clase económica antagónica al materialismo dialéctico de la historia, inconforme con su supuesto fin defendido por Marx, como medida reaccionaria, se puede decir, el capitalismo comenzará a utilizar la ideología como un instrumento real y efectivo de control y poder, para, a través de él:

"Estancar y / o paralizar la dialéctica de la historia, haciendo así que sus sociedades cambien siempre, pero sin, estructural y / o esencialmente, en el mismo proceso, cambiar realmente ". (énfasis mío)

II

En las sociedades capitalistas posmodernas, como se ha podido y se ha podido percibir, incluso los llamados movimientos sociales radicales que, históricamente, se construyeron en busca de cambios estructurales y / o significativos (a través de revoluciones, etc.), buscando si , por ejemplo, la justicia social dictada por los jueces necesarios y ante todo, ya no traen consigo una esencia anti statu quo, convirtiéndose en movimientos, aunque desconocen su propia colectividad, también conservadores, cuando luchan, por ejemplo, paradójicamente , por cambios que no generan cambios significativos en la estructura social de las llamadas democracias liberales (sociedades capitalistas).

Hay dos aspectos esenciales que definen y / o califican a los miembros y / o pseudo ciudadanos pertenecientes a esta llamada "sociedad de ricos en dinero":

1- El hecho de que están siempre o casi siempre, mediante el uso de créditos bancarios, "aumentando su poder de consumo, pero sin, sin embargo, en estos mismos procesos, también están

22

aumentando sus ingresos", convirtiéndose así en "esclavos asalariados del capital", es decir, ser colocado, por la ideología capitalista, en la condición de esclavos-proletarios, trabajando, casi siempre, solo para pagar:

a- Altas tasas impositivas para el estado capitalista y también:

b- Altas tasas de interés para las élites económicas (bancos, instituciones financieras, etc.);

2- El hecho de que vean, en la Escuela y en el acceso al llamado nivel superior, a través del llamado logro de "éxito escolar y / o académico", una posibilidad, predicada ideológicamente por los capitalistas, de lograr una "movilidad social ascendente ", es decir, de poder lograr la ascensión social a través de dicho alto grado de estudio y / o acceso a cursos de pregrado y posgrado.

Respecto al primer aspecto, se puede decir que la gran mayoría de ellos, de los llamados "ricos sin dinero", en las sociedades capitalistas posmodernas:

1- Compran autos financiados;

2- Viviendas en barrios conocidos como nobles o no, también financiados;

3- Ropa de diseñador y / o de los llamados trendy y tienen vida, aprisionados al ritmo de las políticas de consumo, sintetizados y sistematizados por constantes y / o adictos viajes a centros comerciales y / o ferias reconocidas por el consumo, actividades de ocio, etc.

Respecto al segundo tema:

1- El conocimiento académico se sistematiza ideológicamente como una

24

especie de "conocimiento-riqueza", de la misma manera que:

a- La supuesta ausencia de los mismos, en cualquier individuo, grupo social y / o nación excluida, también es colocada, respectivamente, por las potencias capitalistas, como:

b- Un factor de justificación personal o particular de sus denominadas exclusiones sociales y / o estados históricos de pobreza.

A través de la ideología del "Éxito Escolar, vinculado a la idea de ascenso social", la educación comienza a ser concebida y colocada, socialmente, como un producto, y la escuela, institucionalmente sistematizada como aquella cuya función social debe ser - no solo capacitar mano de obra barata y calificada para la formación del ejército de reserva, pero también, socializando a los individuos, haciéndolos incorporar, como propios, valores y principios capitalistas, haciéndolos, aunque sean pobres o excluidos (materialmente hablando), ricos en lo que respecta a a las formas de ser, sentir y actuar (rico sin dinero).

III

Lo trágico es que, tras más de un siglo de valoraciones de Marx sobre el supuesto "fin del capitalismo", hoy, en plena era posmoderna, los albores del siglo XXI, aunque de una forma no pasiva y alienada. De manera que por parte del ala Progresista, la hegemonía capitalista se ve a través del uso de la ideología que ha estado presente no solo en las llamadas instituciones educativas, sino también en los grandes medios de comunicación y / o en lo que fue llamado por Theodor Adorno (1903-1969), Industria cultural.

Buscando profundizar en la comprensión del carácter pragmático de esta ideología, algunos pueden estar preguntando: "¿Dónde está o estaría, además de las instituciones educativas, esta ideología hoy, ya que, a lo largo de la historia del capitalismo, siempre se ha mostrado dinámica compleja? "

Según Althusser, "La ideología tiene una existencia material" (1997: 88-89), es decir, a través del Aparato Ideológico del Estado, tiene la función y / o finalidad exacta de reproducir las condiciones de producción de las fuerzas productivas y las las relaciones de producción desiguales existentes. Entre estos Aparatos, en las sociedades capitalistas occidentales contemporáneas, por tanto, estaría y / o se especifican (a), además de las denominadas instituciones educativas:

1- La familia;
2- El sistema legal;
3- Los diferentes partidos políticos;
4- Los sindicatos;
5- Diferentes medios;
6- La industria cultural, etc.

Es decir, a diferencia de los Aparatos de Estado Represivo, que funcionan a través de la práctica de la violencia coercitiva, como el ejército, la policía, los tribunales judiciales, las cárceles, etc., los Aparatos de Estado Ideológicos funcionan "por la ideología que se encierra en ellos. "

Si pudiéramos, sin embargo, jerarquizar estos Aparatos Ideológicos de Estado, en cuanto al mayor grado de alienación que provocan en los seres sociales excluidos, sin lugar a dudas concebiríamos la escuela y los grandes medios, sintetizados en el sentido macro, por la llamada Industria Cultural, recomendada por Theodor Adorno.

La primera, la escuela, cuando descuida su papel transformador; cuando se distorsiona de su papel de contribuir a la formación de ciudadanos críticos -como es el caso de estas sociedades capitalistas-; y por subordinarse a los intereses capitalistas. La segunda, la Industria Cultural, por poder formar y reformar, siempre que sea necesario para los intereses capitalistas, el consenso público según las premisas éticas y / o valorativas de su propia sociedad política.

Sin embargo, se puede decir que, si bien la identificación teórica del Aparato Ideológico de Estado, descrita por Althusser, ha sido de gran valor para las clases subordinadas y / o grupos de intelectuales progresistas, dado que, a través de su comprensión, muestran y / o se denuncian los catastróficos mecanismos de legitimación del orden económico capitalista, "ellos, en cambio (y eso es lo que saben los propios capitalistas), no son tan poderosos y efectivos para el capitalismo mismo, hasta el punto de, por ejemplo, poder mismo "paralizar la dialéctica material de la historia defendida por Marx". En otras palabras, lo que se quiere decir es que:

> "El Aparato Ideológico de Estado, para los propios capitalistas, es capaz sólo y sólo

de" condicionar "a los seres sociales dominados en relación a sus condiciones existenciales reales de proletarios y / o excluidos sociales, pero no de determinarlos, es decir, de paralizando la historia y / o interrumpiendo la hegemonía capitalista ". (nuestras cursivas)

Este hecho es tan cierto que, aun con todo su Aparato de Estado Ideológico y / o Coercitivo, en estas mismas sociedades capitalistas, de vez en cuando, surgen movimientos sociales, aunque estos no han dado lugar en las últimas décadas a cambios significativos. y / o esencial en la estructura social capitalista, como mencionamos, a través del establecimiento de revoluciones.

Los Aparatos Ideológicos de Estado (y esto lo saben los propios capitalistas) no son capaces, por sí solos, de abolir la existencia de la lucha de clases real, pero, sin embargo, sólo impiden la existencia de, debe enfatizarse, "Un enfrentamiento directo entre antagonistas, debilitando, por ejemplo, los llamados movimientos sociales y / o los intentos posmodernos de cambio".

***

Aclarados estos puntos clave, situémonos, en adelante, en el camino de la proposición inquisitiva bajo la que se estructura esencialmente nuestro trabajo, dada por la siguiente pregunta:

> "¿Qué medidas serían adecuadas para que el capitalismo pudiera paralizar el curso dialéctico de la historia, impidiendo así efectivamente su absorción natural, como sociedad política, por la sociedad civil, en el sentido visionario de Karl Marx?

Como premisa inicial, se puede decir que este proceso se producirá a partir del establecimiento y / o sistematización, por parte de esta misma sociedad política capitalista, de un nuevo proceso de cooptación, apuntando, a partir de él, a minimizar, controlar y / o paralizar espiritualmente (a través de ideas y valores) a la sociedad civil y, en este sentido, fortalecerse como clase y / o grupo hegemónico.

Veremos cómo este nuevo proceso de cooptación de miembros por parte de la élite capitalista se ha estado dando de manera más detallada a partir del próximo capítulo. Es decir, veremos cómo ella, la élite capitalista, yendo en contra y / o yendo en contra del proceso naturalmente dialéctico de la historia, a través de la homogeneización y / o masificación de algunos de sus principios y valores, buscará también transformar a los esclavistas-proletarios o socialmente excluidos en los "ricos sin dinero", provocando que tengan, al mismo tiempo:

1- Los deseos y aspiraciones capitalistas iguales, pero sin, sin embargo:
2- También tienen igual acceso a los mismos medios de producción que las condiciones de vida sociales materiales existentes.

I. 2 - EL NUEVO PROCESO DE COOPCIÓN: LA FORMACIÓN DE LA "SOCIEDAD DE LOS RICOS SIN DINERO".

Pierre Bordieu, de manera diferente y / o trascendiendo las proposiciones de Althusser, llamó a su ideología una forma real de violencia de Estado, solo específicamente simbólica, es decir, dada a través del proceso cultural y / o superestructural. Bordieu declara, por ejemplo, que "es a través de la cultura que los dominantes garantizan el control ideológico", desarrollando una práctica cuyo propósito es buscar siempre mantener la distancia y / o un abismo entre las clases sociales, especialmente en el post-entre la burguesía y el proletariado. Así, existen prácticas sociales y culturales que distinguen quién es de una clase y quién es de otra, es decir:

> "Los cultos tienen conocimientos científicos, artísticos y literarios que los contraponen a los incultos. Este es el resultado de una imposición cultural (violencia simbólica) que define lo que significa tener cultura".[3]

El pensador italiano Antonio Gramsci (1891-1937), dentro de esta misma perspectiva, analiza el tema de la ideología a través de lo que, como mencionamos, llamó Hegemonía.

Es decir, "A través del proceso en el que una clase dominante y / o grupo social logra hacer que sus valores, principios e ideales políticos sean aceptados por los dominados, desarticulándolos de sus cosmovisiones, como si fueran las suyas propias, a través de la escuela, los libros , música de teatro, etc." Para Gramsci, por tanto, en palabras de Tomazi:

> "Una clase se vuelve hegemónica cuando, además del poder coercitivo y policial,

---

[3] (En: TOMAZI, Nelson Dacio. Sociología. São Paulo: Saraiva. 2010. p. 183)

utiliza la persuasión, el consenso que se desarrolla a través de un sistema de ideas muy bien elaborado por intelectuales al servicio del poder, para convencer a la mayoría de la gente, incluso a las clases dominadas (...). Se crea una cultura dominante efectiva, que debe penetrar el sentido común de un pueblo, para demostrar que la forma en que quien domina y ve el mundo es la única forma posible ".[4]

Hoy, en los albores del siglo XXI, la hegemonía capitalista, que sigue dándose a través de la ideología, también se sistematiza – además del Aparato Ideológico de Estado descrito por Althusser – a través de la llamada Industria Cultural, teorizada por Theodor Adorno (1903-1969). En el sentido macro, se vuelven iguales a los de los capitalistas o las élites, sin, de la misma manera, también una socialización de los medios de producción y las condiciones materiales de vida existentes.

---

[4]En: TOMAZI, Nelson Dacio. Sociología. São Paulo: Saraiva. 2010. P. 182.

Veamos qué nos dice el informe ONU / PNUD sobre desarrollo humano, por ejemplo, sobre el surgimiento y / o surgimiento, en este nuevo siglo, de una especie de cultura mundial (uniforme y masificada) capitalista:

> "Los patrones de consumo son, hoy en día, mundiales. Los estudios de mercado han identificado una élite mundial, una clase media mundial que sigue el mismo estilo de consumo y prefiere las marcas globales. Los más impresionantes son los adolescentes globales, que habitan un espacio mundial, con una cultura pop mundial única, absorbiendo los mismos videos y la misma música y proporcionando un mercado enorme para zapatillas, camisetas y jeans de marca ".[5]

En este sentido, hay que decir que "la sociedad de los ricos sin dinero" puede entenderse como un tipo de sociedad en la que los proletarios y / o los socialmente excluidos, a través del acceso a los

---

[5] (En: PNUD. Informe sobre desarrollo humano. Nueva York: ONU / PNUD. Pág. 87)

créditos financieros, aumentan a través de ellos el poder de consumo sin aumentando adecuadamente sus ingresos, se convierten en esclavos proletarios posmodernos, esclavos asalariados del capital y / o grupos sociales dominados por las élites capitalistas que viven en una especie de "sociedad imaginaria y / o artificial cuyos únicos valores - y no las condiciones materiales de existencia - son idénticos a los de los capitalistas y / o burgueses ". Es decir, aunque socialmente excluidos, existen como individuos sociales sin conflictos de clase y / o aparentes desigualdades sociales, pero solo personales: existen como seres cuyas desigualdades sociales siempre deben justificarse como causadas, en un sentido micro, por medios meritocráticos e individualistas. Es decir, como consecuencia:

1- de la pereza,

2- De dicha estupidez y / o falta de inteligencia,

3- De la supuesta mala suerte y / o mala suerte,

4- De la supuesta maldición secular sufrida por algunas personas;

5- Del pecado, etc.

La élite capitalista, aunque algunos no lo conozcan, como clase que domina la vida política, económica y cultural, entiende que el problema en relación al supuesto fin del estado capitalista – como sociedad política – no radica solo en la inmensa cantidad de personas excluidas que ella misma crea, pero también y esencialmente en su propia esencia "desagregadora" de miembros que la hace, como clase capitalista, llegar siempre, a lo largo de su propia historia, a disímiles, a través de su proceso interno de competencia, más miembros del que se asimila adecuadamente, contribuyendo así a su propia absorción, como sociedad política, por la "sociedad civil". De esta manera, la "sociedad política" capitalista, a través de la homogeneización de sus principios y valores, haciéndolos masificados, haciéndolos contenidos éticos de toda la sociedad, incluidos e ideológicamente también de los llamados proletarios y / o excluidos sociales, así formando, la llamada "Sociedad de los ricos si el dinero" busca paralizar el llamado "curso natural de la historia" de Marx, buscando evitar su supuesto "fin como clase y / o grupo social hegemónico".

Gramsci, en sus escritos carcelarios, al teorizar sobre la esencia disgregante de los miembros de la burguesía y / o el capitalismo, escribió: "La burguesía está saturada; no solo no asimila nuevos elementos, sino que desasimila una parte de sí mismo".[6]

En este sentido, también es necesario aquí preguntarse: "Si la sociedad política capitalista - a pesar de toda su ideología - sigue, por su esencia

---

[6] (en: Saviani, 1976. School and Democracy. P.147)

desagregadora de miembros, disminuyendo como clase, qué medidas reaccionarias le conviene entonces para para prevenir su supuesto fin, como preconizaba Marx?" En otras palabras, "¿qué medidas le serían aplicables para impedir el curso natural de la dialéctica de la historia defendida por Marx, que, en este curso, daría lugar a su fin?".

En otras palabras, ¿qué medidas serían aplicables a la sociedad política capitalista para evitar su degeneración como clase hegemónica, ya que ella, como clase y / o grupo social hegemónico, tiene dos grandes y reales problemas, como se mencionó, pero que también son válido aquí reiterar:

1- La ideología, a través de su aparato ideológico estatal, a pesar de condicionar la historia, no tiene el poder de paralizarla, de entorpecer su curso natural, sino sólo de condicionarla;

40

2- Ésta, la sociedad política capitalista -como clase y / o grupo social- tiene un carácter desagregante de miembros, por lo que siempre pierde más miembros de los que asimila adecuadamente, dado que en lo que se basa son, entre otras cosas, sus procesos internos de la competencia sistemática y / o la búsqueda de acumulación y concentración de capital cada vez más en manos de unos pocos.

Se podría decir, a priori, como defiende Gramsci, que la sociedad política capitalista buscará cooptar a los miembros, entre los líderes proletarios, para debilitarlos en sus ideas e ideales de justicia social, paralizando así la dialéctica de la justicia social. historia defendida por Marx.

Este proceso, que Gramsci denominó anteriormente "transformismo", y que aquí concierne a la creación y / o sistematización de la sociedad de los ricos sin dinero, es, se postula, esencialmente otro. Es decir, conceptualizando:

> "El nuevo proceso de cooptación posmoderna consiste en atraer miembros que no tienen y ni siquiera tendrán una condición capitalista material de existencia, dejando de serlo, al ser cooptados, por ejemplo, materialmente pobres y / o proletarios, pero transformando ellos sólo, a través de la ideología, como ya se mencionó, en una especie de "ricos sin un centavo". Es decir, en una clase y / o grupo social de proletarios que comparten los mismos valores capitalistas y / o burgueses, pero continúan siendo, de la misma manera, excluidos materialmente de la sociedad ". (nuestras cursivas)

Este nuevo proceso de cooptación y / o transformismo utilizado por los capitalistas posmodernos consiste en cooptar a miembros del proletariado que no tienen ni tendrán una condición material de existencia burguesa, ya que esto sería contradictorio en relación con el la propia esencia capitalista, que predica, a su vez, la acumulación de capital, cada vez más, como objetivo de un juego, en manos de unos pocos - pero individuos que, incluso excluidos, son capaces de:

1- Espiritualmente (valores y principios) para pensar como capitalistas,
2- Espiritualmente (valores y principios) existen desde una lógica de aspiraciones capitalistas y / o burguesas, siendo, sin embargo, materialmente excluido de la sociedad.

Es decir, individuos proletarios que llevan consigo valores y principios relacionados con los ideales capitalistas, pero no precisamente una condición económica material y / o burguesa, ya que tales ideales y valores burgueses, por sí solos, como sabemos, no son capaces de determinar la realidad. adquisición de materialidad burguesa, por tanto, según el propio Karl Marx:

> "La posición de los hombres en una sociedad subdividida en clases o grupos antagónicos no se define por lo que estos hombres piensan de la

43

sociedad, sino por sus posiciones reales en relación con los procesos de producción existentes".[7]

***

De esta manera, el individuo cooptado por el capitalismo, a partir de este nuevo proceso de cooptación y / o "transformismo", comienza a llevar, dentro de sí mismo:

1- ideas
2- Valores,
3- Principios
4- Formas de ser
5- Formas de sentir
6- Formas de actuar,
7- Formas de pensar, sintetizadas en aspiraciones burguesas y / o capitalistas, pero, por otro lado, como un "ser social paradójico":
   a- Vive en condición de vida proletaria;
   b- Socialmente excluidos,
   c- De "Rico sin dinero.

---

[7] (En: COTRIM, Gilberto. Fundamentos de Filosofía. Ática: São Paulo. 1989. P. 193)

La mayoría de las veces, estos "ricos sin un centavo" son llamados por otros excluidos sociales, que se encuentran en una posición de exclusión más baja que ellos:

1- De "Pobre arruinado a la bestia";
2- De una nueva clase media y / o si no:
3- Desde las clases C y D, por aumento del poder de consumo, pasando por el acceso a diversos tipos de crédito bancario, sin, sin embargo, lograr un aumento significativo en sus respectivos ingresos.

Estos "ricos sin dinero", en este sentido, se caracterizan como una unidad social alienada de los opuestos y, precisamente por ello, son y / o se vuelven también inertes:

1- Desde un punto de vista revolucionario;
2- Desde el punto de vista de la búsqueda de cambios sociales estructurales y / o esenciales en las sociedades de capital donde se ubican como grupos sociales subyugados (excluidos sociales).

Es decir, estructuralmente, los ricos sin dinero:

1- son pobres,
2- proletarios,
3- Social excluido,
4- Propietarios solo de su fuerza laboral.

Sin embargo, superestructural y / o espiritualmente (en términos de valores y principios):

5- Son capitalistas y / o burgueses;
6- Comparten las mismas aspiraciones, sueños de consumo, valores y principios, colocados bajo diferentes formas, que los de las llamadas élites económicas.

La contradicción, por lo tanto, es lo que caracteriza al estado alienado y / o cooptado de los "ricos sin un centavo". Piénselo: si él, este "rico sin un centavo", es espiritualmente burgués y / o capitalista, no puede reconocerse socialmente excluido y / o proletario y, de esta manera, debilita al proletariado mismo. Este nuevo proceso de cooptación, sin embargo, sólo fue posible porque hubo un proceso de "inversión", por parte de los capitalistas, del llamado "Concepto de Sociedad Civil Marxista, como veremos más adelante".

I. 3 - LA INVERSIÓN (POR CAPITALISTAS) DEL CONCEPTO MARXISTA DE SOCIEDAD CIVIL.

Para Marx, la "sociedad civil"[8]comprende el conjunto de relaciones estructurales entre los hombres; toda la vida comercial e industrial de cierto grado de desarrollo y, por tanto, trasciende al Estado y a la Nación.

Este nuevo mecanismo de cooptación, mencionado en el capítulo anterior, indudablemente de la tercera revolución industrial, incluso sin dejar el poder como clase, puede entenderse como una de las principales "reacciones" capitalistas, en el sentido de una hegemonía reaccionaria contra la teoría. Marxista; en el sentido de una práctica ideológica política contra el supuesto "fin del

---

[8] (En: BOBBIO, Norberto. El concepto de sociedad civil. 1995. p. 31)

capitalismo", y por lo tanto se caracteriza por lo que también se puede llamar una "inversión de la concepción del concepto de sociedad civil marxista", donde, a través de ella, propugnaba si y / o se profetizó que la "sociedad política y / o el Estado capitalista" serían incorporados por ella, por la "sociedad civil", como sociedad de los socialmente excluidos, dando lugar a una sociedad, por Marx, dicho perfecto , es decir, ausente de las injusticias sociales.

La inversión de este concepto de sociedad civil marxista, por el contrario, se puede afirmar, en las sociedades capitalistas posmodernas, se da a través de la absorción (nueva cooptación de miembros, como ya se ha descrito) de la "sociedad civil", en el sentido contrario. sentido para el marxista, por "sociedad política" y / o por el "estado capitalista".

En otras palabras, es el establecimiento de valores, principios e ideas capitalistas como corolario y / o contenido ético de toda sociedad, paralizando así la dialéctica natural de la historia. En palabras de BOBBIO, N., conceptualizando, la inversión del concepto de sociedad civil marxista es:

> **"La hegemonía política y cultural de un grupo social sobre la sociedad en su conjunto, como contenido ético del Estado".** (En: El concepto de sociedad civil, 1995.)

Esto quiere decir que la sociedad política capitalista, en la actual era posmoderna, está colocando sus Aparatos Ideológicos de Estado con la función, ahora, no sólo de "condicionar", como antes, el llamado proceso dialéctico natural de la historia, pero también como "determinantes" de estructuras sociales desiguales a través del control de superestructuras (normas y valores colectivos del capitalismo), tornando así la historia mecánica, es decir, haciendo que sus sociedades estén siempre cambiando, a través de un proceso de obsolescencia programada, a través de procesos de innovación constantes, sin embargo, sin cambiar esencialmente de hecho, con el objetivo, de esta manera, sólo de aprisionar a la sociedad en el mundo del consumo.

Los controles de las superestructuras sociales, por parte de los capitalistas, caracterizan las posibilidades de imponer significados y significados a la realidad, como, por ejemplo, los de la "defensa del derecho de propiedad privada", sea material y / o inmaterial, por tanto, con lo que los excluidos sociales, mientras que los proletarios, alienados de ellos, también comparten, como si estos fueran también sus propios valores de clase reales.

I.4 - LA FUNCIÓN SOCIAL DE LA ESCUELA - SEGÚN LOS CAPITALISTAS.

El contenido ético del Estado capitalista, como hegemonía ideológica capitalista, constituye así una especie de "cartilla paradigmática", como valores, con el propósito de legitimar su "statu quo". Se puede decir que uno de estos grandes paradigmas se ubica específicamente en el "ámbito educativo", en la redefinición del carácter o función social de la escuela.

Como es sabido, los Estados capitalistas, a través de sus "expertos del saber práctico" (los llamados intelectuales), han intentado decir, como propagación y masificación de sus ideas y valores, que vivimos en la era del conocimiento y , además, que este conocimiento en sí mismo (el llamado conocimiento erudito) es el oro de la sociedad global. Y más: también se ha dicho que lo que diferencia socialmente a los hombres, en lo que respecta a las desigualdades sociales, ya no son esas prerrogativas relacionadas con supuestas desigualdades genéticas, sino ahora las relacionadas con el desconocimiento, es decir: la falta de adquisición de este nuevo tipo de "oro" (conocimiento erudito).

Si preguntáramos cuál sería, entonces, específicamente, este conocimiento concebido como el oro de las sociedades posmodernas, la respuesta sería, por parte de los capitalistas, que sería "ese conocimiento que podría venderse como mercancía" (técnica y conocimiento pragmático), es decir, un tipo de conocimiento que, a través del poder adquisitivo de los ciudadanos-consumidores, podría ser consumido libremente, además de la escuela, también a través de la Industria Cultural. Ideológicamente, los capitalistas dirían que (por la supervivencia y supuesto "ascenso social" de este individuo alienado, cooptado por el capitalismo, en la calidad posmoderna de rico sin dinero, esclavo del interés bancario a través del acceso al crédito, sin incrementar la entonces sería necesaria la posesión, como el oro, de este tipo particular de conocimiento.

Una gran parte de los excluidos cooptados que, aun considerándose no pobres, como "ricos sin dinero", no pueden pagar por este conocimiento, para comprarlo en el mercado de la cultura, si pidieran, por ejemplo, el capitalistas acerca de dónde podrían adquirir este conocimiento, en un sentido sarcástico, recibirían la respuesta: En la escuela y / o universidades, por supuesto, pasando por todos sus niveles.

I.5 - LA RETÓRICA DE LA SUPUESTA FALTA DE "RIQUEZA-CONOCIMIENTO".

Después de la Segunda Guerra Mundial, dada la hegemonía de los aliados en las principales sociedades occidentales, quedaba una paradoja, como problema estructural, en las sociedades capitalistas subdesarrolladas: aun habiendo ingresado al sistema capitalista, y luego de décadas bajo este régimen, seguían siendo pobres y miserables. , lo que hizo que el capitalismo también fuera cuestionado en todo el mundo.

Los capitalistas no podían justificar la enorme exclusión social presente en estas sociedades a partir de los preceptos genéticos de la supuesta superioridad de una raza o etnia sobre otras, como lo hicieron en su momento, incluso porque estos principios habían sido defendidos, no mucho antes, nada menos que Adolf Hitler. Así, para justificar estas mismas exclusiones sociales sin, sin embargo, culpar al propio sistema capitalista y / o factores genéticos y / o la superioridad de una raza sobre otras, comenzaron a justificarlas a través de la supuesta supuesta denominada "falta de cultura", en particular la de alta cultura, incluida la falta del idioma inglés, que también se convirtió en un producto comercializado, como valor cultural, entre los llamados pueblos atrasados. La función social de la escuela, en estas sociedades, dentro de esta coyuntura, como aparato ideológico del Estado, pasó entonces a ser la de garantizar, a través de la difusión de este saber académico a los excluidos sociales, la movilidad y / o propagación tan propagada y / o propagandizada. ascensión Social. Es decir, la escolarización empezó a traducirse por la idea de que:

> "Aquellos que permanecen más tiempo en la escuela, logrando el éxito académico, también adquieren más oro

y / o conocimiento de riqueza y, en este sentido, el más rico puede volverse, dejando pronto de ser un paria social".

Esta retórica ideológica capitalista se convirtió en uno de los principales mecanismos, no solo para cooptar a los proletarios, haciéndolos ricos, ricos sin dinero, sino también en el principal factor de diferenciación entre ellos y los seres reales pertenecientes a las élites capitalistas.

I. 6 - DIFERENCIAS ENTRE LOS "RICOS SIN DINERO" Y LA ELITE CAPITALISTA.

La gran diferencia entre los ricos sin un centavo y los capitalistas se resume en los siguientes factores:

1- En la Edad Media, la idea de riqueza-tierra, de los nobles, fue reemplazada por la idea de riqueza-dinero, de los burgueses y / o capitalistas y, de esta manera, el capitalismo venció al sistema feudal a través del acumulación y concentración de capital en manos de unos pocos;

2- En la era posmoderna, los capitalistas sistematizaron su hegemonía a través de esta nueva forma de cooptar a los pobres y / o excluidos sociales, es decir, transformar a los excluidos o proletarios sociales en ricos sin dinero, en la medida en que, en lugar de redistribuir la riqueza social, bienes de capital y / o socializando los medios de producción de la riqueza social existente, que son las verdaderas fuentes de riqueza, los dueños del capital crearon para los excluidos la idea de "riqueza-conocimiento", transformando así sus propias culturas no sólo en mecanismos para justificar la exclusión social, pero también en bienes y, en este sentido, también en nuevas fuentes de lucro, a través de la creación y sistematización de la industria cultural.

Sin embargo, hegemónicamente, existen paradojas: en las escuelas y / o instituciones educativas presentes en las sociedades capitalistas occidentales, a través de la ideología presente en sus currículos, a los excluidos sociales no se les permite acceder a los mismos conocimientos que solo comparten las élites, como, por ejemplo, :

1- Aquellos que se refieren al conocimiento complejo de las finanzas;
2- Los referidos a la creación de empresas y / o gestión empresarial;
3- Los referidos al emprendimiento y / o creación de riqueza y prosperidad, etc .;
4- Las que se refieren a la comprensión de las normas legales, etc.

Estas contradicciones nos hacen comprender que esta idea de la llamada "riqueza-conocimiento" instituida por los capitalistas se traduce, en cierta medida, como una de las mayores formas ideológicas de dominación presentes en la era posmoderna.

Aquí no se cuestiona el valor del conocimiento, sino precisamente el tipo específico de conocimiento que los capitalistas (a través de la industria cultural y las llamadas instituciones educativas) dicen a los socialmente excluidos que realmente tienen este valor de "riqueza del conocimiento". Se cree, como una vez defendió Francis Bacon, que el conocimiento, de hecho, es poder. Cabe preguntarse, sin embargo, sobre "¿Qué tipo de conocimiento es el que realmente genera y / o aporta, en sí mismo, este poder?"

Ciertamente no es el mismo que se difunde en las escuelas y, menos aún, el que se vende, como producto enlatado, por la industria cultural. Se piensa que:

> *"La riqueza, como conocimiento, oro y / o riqueza del conocimiento, no consiste solo en aprender pensamientos y / o adquirir la denominada información de calidad, sino fundamentalmente en poder aprender a aprender y / o aprender a pensar. (énfasis mío)*

En la siguiente unidad, discutiendo críticamente "el mito del éxito escolar", buscaremos discutir con mayor profundidad las posibles relaciones ideológicas entre:

1- Instituciones educacionales;

2- Capitalismo;

3- Y la formación de la sociedad de los ricos sin dinero.

UNIDAD II

EL MITO DEL ÉXITO ESCOLAR: LOS PROCESOS DE FORMACIÓN DE LA SOCIEDAD DE RICOS SIN DINERO

II. 1 - EL MITO DEL ÉXITO ESCOLAR.

Los procesos ideológicos de construcción masiva y sistematización de la idea de riqueza-conocimiento, sin duda, pueden entenderse como el "gran carácter hegemónico de la escuela, en cuanto a la inversión o confusión sobre su función social", en la medida en que :

1- En el sentido micro, a través de ellos, se justifica la exclusión social de los ciudadanos; y,

2- En el contexto macro, también se justifica el estado de subdesarrollo y / o pobreza de cualquier país y / o nación, incluidos los propios capitalistas, como los de América Latina, etc.

Este discurso ideológico comienza a difundirse después de la Segunda Guerra Mundial, período en el que se inició la vieja llamada "guerra fría", en la que, por un lado, EE.UU. era el líder del bloque de países capitalistas y, por un lado, la otra, liderando la de los socialistas, la ahora extinta y antes conocida "Unión de Repúblicas Socialistas Soviéticas" (URSS).

La guerra fría se configuró como una especie de batalla librada estrictamente en el plano político-ideológico-cultural, guiada por políticas externas estructuradas bajo la égida de ideas de marketing político, donde cada bloque buscaba solidificar su sistema ya no a través del poder militar, sino por artificios estratégicos. En palabras de Mercadante:

> "La expresión Guerra Fría, utilizada por primera vez por Churchill, fue la consecuencia inmediata de la Segunda Guerra Mundial, y representa el conflicto ideológico entre las dos superpotencias que comenzaron a dividir y dominar el mundo después de 1945: Estados Unidos, liderando el Bloque de países capitalistas. , y la Unión Soviética, liderando el Bloque de países

socialistas ". (MERCADANTE, Antonio Alfredo. La historia es vida - Sociedades modernas y contemporáneas. Porto Alegre: Mercado Aberto. 1989. p. 186)

Por un lado, en lo que respecta a los países socialistas, la crítica se centró en la llamada "falta de libertad"; por otro, desde el lado de las sociedades capitalistas, se criticaron el carácter perverso de las inmensas desigualdades sociales existentes en muchos de sus propios países.

Analizando esto último, dado que, por ahora, es el núcleo de nuestro problema, se resalta la siguiente pregunta: ¿Cómo podría el capitalismo afirmar su supuesta superioridad sobre el socialismo si su sistema político? La prosperidad económica ya había sido adherida por casi toda América, especialmente América Latina, prometiéndoles prosperidad económica (desarrollo) si, aún así, después de décadas bajo este modelo capitalista de sociedad, nada significativo tenía que pasar, es decir, por el contrario, si la masa de marginados culturales seguía creciendo, incluso a un ritmo desenfrenado?

Esta pregunta, que se hizo eco de una izquierda que poco a poco iba tomando fuerza, removió las estructuras del capitalismo presentes en estas sociedades, abriendo espacios para el desarrollo del socialismo a través de la formación de grupos revolucionarios, como los que lidera Fidel Castro, Che Guevara y otros, y que culminó con la independencia de Cuba, convirtiéndola en socialista.

La pregunta, sin embargo, no quedó sin respuesta durante mucho tiempo, incluso porque, para los capitalistas, liderados por Estados Unidos, era necesario dar una respuesta, fuera cierta o no. En este sentido, se intentó proporcionar un remedio para la cura, sin importar cuál era, de hecho, la raíz de la supuesta enfermedad de los países capitalistas pobres que, a pesar de ser capitalistas, seguían siendo pobres. La respuesta, como justificación de la indagación, proviene obviamente de las propias potencias capitalistas europeas y norteamericanas, pero centralizadas por las políticas exteriores de estas últimas, iniciadas a través del gobierno de Kennedy, ya que era necesario, a toda costa, oscurecer el tamaño capitalista contradicción.

La explicación y / o justificación encontrada, entonces, fue que los países de América Latina eran pobres no por sus respectivos sistemas político-económicos capitalistas, sino, sobre todo, por la falta de inversiones en tecnología y educación. Según los capitalistas, entonces sería necesario, además de que estos países sigan siendo capitalistas, también que inviertan en educación para que:

1- En el sentido micro, a través del "éxito escolar", los ciudadanos podrían superar individualmente sus condiciones de exclusión social; y,

2- En sentido macro, para que estos países, mediante inversiones en investigación y / o en desarrollo científico-tecnológico, puedan incrementar su riqueza aumentando su PIB, etc.

En palabras de Mercadante, refiriéndose a la política exterior estadounidense y también a su ideología dirigida a los países de América Latina, con el objetivo de consolidarlos bajo las bases del capitalismo:

> "En relación con América Latina, en 1961 se lanzó la" Alianza para el Progreso en la Conferencia de Punta del Este ", con el objetivo de brindar asistencia económica y técnica para superar el subdesarrollo latinoamericano y servir como uno de los elementos de fortalecimiento de América del Norte. intereses dentro del continente". (MERCADANTE, Antonio Alfredo. La historia es vida - Sociedades modernas y contemporáneas. Porto Alegre: Mercado Aberto. 1989. p. 191)

Durante aproximadamente tres o cuatro décadas después del final de la Segunda Guerra Mundial, América Latina recibió inversiones, provenientes de préstamos internacionales, para el financiamiento de la educación, con el objetivo de favorecer así el desarrollo tecnológico de los países capitalistas pobres presentes en ese continente.

"Educación y desarrollo" se convirtieron entonces en las grandes consignas de los países capitalistas subdesarrollados de América Latina.

A partir de esta estrategia de política exterior, aliada a otras, las potencias capitalistas no solo lograron disipar el llamado fantasma del socialismo que acechaba a América del Sur, sino que, sobre todo, lograron solidificar el capitalismo en sus países, en la medida en que, en En cuanto a las relaciones económicas, comenzaron a intensificar la compra barata de materias primas de ellos y, a cambio, a venderles también sus productos industrializados por, en promedio, diez veces más, endeudarlos y, al mismo tiempo, darles les dan la ilusión de que de esta forma, comprando alta tecnología, también estarían logrando desarrollo y / o prosperidad económica.

Este proceso caracteriza la primera gran idea de la Industria Cultural, ya que los países capitalistas pobres de América Latina fueron los primeros en comprar productos en forma de conocimiento enlatado y / o las llamadas máquinas inteligentes, que se creía que iban en la dirección de desarrollo, cayendo, sin embargo, en el abismo de la dependencia económica. En otras palabras, América Latina, en ese período, creía que la riqueza y la prosperidad económica eran algo que se compraba, no se creaba.

En el caso de Brasil, por ejemplo, las escuelas y / o instituciones educativas comenzaron a vincularse a lo que Gaudêncio Frigotto, reconocido intelectual, profesor de la UFF, a fines de siglo. XX lo definió críticamente como lo mismo - como una ideología creada por el capitalismo - "Teoría del Capital Humano". Según ella, la adquisición de riqueza y /

o prosperidad está ideológicamente ligada y / o asociada a la idea de que invertir en educación sería lo mismo que invertir en cualquier otro bien. En este sentido, "educación y desarrollo" pasó a denominarse "Éxito escolar y ascenso social", como una especie de binomio para lograr el desarrollo económico en los países capitalistas pobres, y también como un factor, en el sentido micro, de ascenso social. Sin embargo, cabe destacar:

1- En el sentido macro / social, aún hoy los países de América Latina siguen siendo pobres y / o subdesarrollados incluso después de haber obedecido las cartillas de los capitalistas;

2- En el sentido micro / individual, como el propio Gaudêncio señaló críticamente, todo era una farsa, donde se enmascaraba el apartheid económico y social, a través de discriminaciones de género, etnia y grupo social, que se producían y reproducían en el mercado de trabajo en estos mismos países. sociedades, provocando la persistencia de desigualdades sociales en ellas, a través de desigualdades salariales, es decir, a pesar de que los excluidos hubieran obtenido sus diplomas y / o los denominados niveles de educación.

II. 2 – SIMULACROS CAPITALISTAS.

A partir de la década de 1990, el bloque de países socialistas, bajo la bandera de las repúblicas socialistas soviéticas, se disolvió y, de alguna manera, a nivel político, trajo dos grandes problemas:

1- La idea de que el socialismo era inalcanzable en la práctica; y, por otro lado, también terminó cimentando la idea de que:
2- El capitalismo era el ideal "correcto" de sociedad.

Sin embargo, incluso con este entusiasmo por el capitalismo, algunos problemas cruciales al respecto continuaron y siguen siendo, por parte de los países capitalistas pobres, incapaces de ser digeridos. Por ejemplo, aunque no abordado directamente por Gaudêncio, el binomio ideológico "éxito escolar y ascenso social" nos muestra un lado aún más perverso del capitalismo: la destrucción de la identidad cultural de los individuos que, a través de la búsqueda del logro del éxito escolar y de la ascensión social, por este camino, se vuelven cooptados, incorporando en sí mismos sus valores, transformándose en lo que aquí llamamos convencionalmente la "sociedad de los ricos sin dinero".

Es decir, transformándose en individuos que tienen sobre ellos valores burgueses y / o capitalistas, pero, sin embargo, paradójicamente, también la condición material de proletarios y / o socialmente excluidos.

Muchos, aún engañados y / o con dudas sobre la idea de que el logro del "éxito escolar" a partir de la obtención de diplomas, de hecho, tiene alguna relación con la posibilidad de generar "movilidad social ascendente o ascensión social", se preguntan si, de hecho, es posible, es decir, si, a través de la consecución del "éxito escolar", cualquier excluido social pueda, de hecho, llegar a insertarse en la llamada élite económica.

Los capitalistas -como no podía ser diferente-, como a lo largo de la historia, siguen diciendo que sí, es decir, siguen afirmando ideológicamente que, en sus sociedades, la ascensión social es de hecho posible mediante el logro del "éxito escolar", en la medida que el individuo que ingrese a la escuela buscará siempre, en base al éxito logrado allí, nuevos estudios.

Y dicen más: que "el éxito escolar y la ascensión social" es un tema que se reduce a la inteligencia y / o al esfuerzo personal.

También afirman que el capitalismo es un sistema político-económico completamente dinámico. En otras palabras, quien es burgués puede dejar de ser burgués, y quien es proletario puede convertirse algún día en burgués.

Nuevas investigaciones como las de Gaudêncio no son necesarias para demostrar, en un sentido macrosocial, la farsa de esta retórica capitalista.

La relación entre "educación escolar y formación de mano de obra barata", componiendo y / o formando el llamado "ejército de reserva" cuyo propósito es atender el requerimiento de las corporaciones capitalistas, como lo describen Karl Marx y Pierre Bordieu, cuando este último habla para nosotros sobre las diferentes formas de poder (cultural, institucional y económico) presentes en las sociedades posmodernas, son visibles.

Para Bordieu, salvo contadas excepciones, sólo la élite económica, dueña de los medios de producción existentes en una sociedad determinada, puede también concentrar en sí las otras dos formas de poder: el cultural y el institucional. Estas otras dos formas de poder (cultural e institucional), obviamente, por otro lado, no necesariamente llevarían a sus dueños a lograr una supuesta condición de inclusión económica y / o, a través de ellos, a insertarse en la élite económica capitalista.

Es decir, no pueden asegurar que, por su posesión (de poder cultural e institucional), ejerciendo un cargo y / o adquiriendo un título académico, también se pueda ingresar a la élite económica, haciendo así, en una sola generación, grandes capitalistas y / o o dueños de los grandes medios de producción.

La retórica capitalista meritocrática, al ser una estrategia ideológica de masas, todavía se presenta hoy como uno de los principales "métodos de cooptación proletaria". Es decir, sistematizado como una de las primeras formas de transformar los excluidos sociales, como ya se mencionó, en una masa de maniobra, es decir, en "ricos sin dinero". De la misma manera, avanzando hacia un análisis marxista, buscando complementar y / o consolidar las proposiciones de

Bordieu, se puede decir que, según Marx, "el individuo, grupo social o clase que domina la vida material (en este caso, el capitalista), también domina la vida política y cultural "y, en este sentido, también es capaz de convertir sus valores particulares en" contenido ético del Estado) ".

Desde esta perspectiva, buscando también dar respuesta a la misma pregunta sobre las premisas ideológicas entre "Éxito escolar y ascenso social" que defienden los capitalistas, se puede decir que, en lo que se refiere estrictamente a la adquisición de la cultura y los valores capitalistas, la inserción del individuo De hecho sería posible, ya que el propio capitalismo sobrevive y se fortalece a través de este proceso de "cooptación espiritual", en la línea de la "religión", como una especie de incorporación de sus valores y principios. Sin embargo, también conviene decir que:

> "La así llamada ascensión social lograda sería lo mismo que" la negación de la

> identidad y / o cultura del proletariado
> mismo, que lo despojaría de su esencia
> revolucionaria sin, sin embargo, sacarlo
> realmente de su condición de excluido
> Social."

Por otro lado, dentro de una perspectiva estructural, de inclusión social para la vida de la socialización de los medios de producción y / o el logro de la igualdad económica, la ascensión social sería muy difícil, y mucho menos a través de la escuela. Y esto por una razón crucial para Gramsci, complementando las ideas de Marx:

> "La naturaleza estructural del capitalismo
> no consiste en agregar, sino en desagregar
> miembros, lo que, sin embargo, es lo
> contrario con respecto a la
> superestructura".

En palabras del propio Gramsci, refiriéndose a la estructura paradójica del capitalismo, nos da, en respuesta a la pregunta planteada anteriormente, también otra pregunta, que nos lleva a comprender por qué la necesidad, como mecanismo ideológico de cooptación, de difundir las ideas de la ascensión social como resultado del alcance, por parte de los excluidos sociales, del éxito escolar. Gramsci pregunta: "¿Cómo es posible que una clase que busca su hegemonía pueda desintegrar a más miembros de los que asimilar?" (En: SAVIANI. Escuela y Democracia. 1976. P. 147)

En esta perspectiva, la premisa de "lograr el éxito escolar", colocada como el verdadero motor de la movilidad social ascendente, es decir, la ascensión social, se presenta no solo como una farsa, sino también como un "mito de carácter estrictamente ideológico", como busca insertar a los proletarios, a través de este proceso, superestructuralmente en otra clase social, haciéndolos negar sus propias culturas, que la escuela ubica como cuantitativa y cualitativamente inferiores a la llamada cultura erudita, la de las élites, compartida por los capitalistas.

II.3 - ESCUELA: LA LEGÍTIMA INSTITUCIÓN CAPITALISTA FABRICANTE MONSTRUOS SOCIALES.

La escuela, en las sociedades capitalistas posmodernas occidentales, es la institución legítima que produce monstruos sociales, ya que comienza a formatear y / o producir, como en una cadena de montaje de fábrica, gente frustrada, meritocrática e individualista, además de consumistas, hedonistas y narcisistas. quienes, precisamente porque alimentan estos valores y principios en sus espíritus, se lanzan en la búsqueda alienada, a toda costa, de la ascensión social, porque la coloca, por la sociedad capitalista en la que se encuentran, como su gran ideal. de la consecución de la felicidad.

Un monstruo social, por tanto, es el individuo que, esclavo ideológico del binomio "Éxito escolar y ascenso social", permitió que la escuela y / o cualquier supuesta institución educativa lo convirtiera en un marginado cultural (de sí mismo) y / o contraviniendo su propia historia y / o identidad cultural, en la medida en que, alienado, apostó todas las fichas de su vida en ella, en esta escuela, o mejor dicho, en la adquisición de conocimientos eruditos, dejando de ser completamente lo que era, convirtiéndose en el par, en igual medida, en el sentido de la formación técnica y / o de fabricación que había recibido.

Ascender socialmente a través de este llamado "éxito escolar", aunque desconocido y constantemente buscado, es difícil, si no imposible, como sería, en las sociedades capitalistas posmodernas, ir contra la estructura excluyente del propio capitalismo.

De otra manera, luego de supuestamente lograr dicho éxito en esta escuela, tratando de volver a la condición de antes, a la vida de un supuesto hombre de cultura popular, de hombre proletario,

82

aunque se trate de mezclarse con quienes fueran de su antiguo grupo, no será posible, precisamente porque, al graduarse, incorporó no solo nuevos principios y valores, sino esencialmente también contenidos éticos capitalistas antisolidarios y / o antifraternos que no forman parte de la cultura popular.

El monstruo formado por la escuela capitalista es alguien que, para sobrevivir, incluso porque ya no vive, necesita inevitablemente una lógica de vida y metas artificiales. Tienes que vivir una vida ilusoria o surrealista para intentar creer en el hecho de que todavía eres alguien; y que tiene historia.

II. 4 - LA VIDA SOCIAL DE LOS MONSTRUOS FORMADOS POR LA ESCUELA.

La trayectoria de los monstruos sociales formados por la escuela casi siempre se relata en relación con el individuo que dice y / o es considerado, por algunos, como el que "ganó en la vida" por, por ejemplo, ser estigmatizado como inteligente y / o o luego de "CDF" durante los períodos escolares, luego de haber ido a la universidad, graduarse y encontrar un trabajo por cuenta propia, comprar, desde allí, un auto y / o departamento financiado, y abandonar no solo su cultura, sino también el barrio pobre o universo, de los llamados excluidos, donde nació. Y más: después y / o durante este proceso, haberse casado con alguien del mismo linaje, tener uno o dos hijos, criarlos con sus mismos valores capitalistas y / o burgueses, enviarlos también a la universidad y, después de años de trabajo intelectual,

II.5 - LOS MONSTRUOS PRODUCIDOS POR LA ESCUELA: "ESPECIALISTAS DEL CONOCIMIENTO PRÁCTICO" - AXIOMAS DE JEAN-PAUL SARTRE.

Los monstruos producidos por las escuelas y / o las llamadas instituciones educativas presentes en las sociedades capitalistas occidentales posmodernas son los intelectuales contemporáneos, abordados por Sartre en los años 70, y que, según él, a diferencia de los intelectuales de la era (moderna) anterior, que nacieron de las élites económicas, en la gran mayoría, por el contrario, se originan, en sentido marxista, de clases y / o grupos sociales subalternos, viendo así en la institución educativa una posibilidad, a través de la obtención de títulos escolares y / o grados académicos , logran sus llamados ascensos sociales siendo, sin embargo, de esta manera, de manera alienada, cooptados.

86

Jean-Paul Sartre llama a estos intelectuales contemporáneos "Especialistas del conocimiento práctico", es decir, individuos que, engañados por la idea de ascensión social,

> "El grupo de individuos que, alienadamente, comparten con las élites capitalistas su contenido ético del Estado (principios y valores), pero no sus mismas condiciones materiales de existencia". (nuestras cursivas)

En este sentido, todo "monstruo y / o especialista del conocimiento práctico" tiene una "cultura capitalista" y, de la misma manera, como paradoja en el mismo ser, también una condición de vida que se dice superior en relación a la tan -llamados excluidos o miserables, pero siempre inferiores en relación a la élite, es decir, correspondiendo a los mismos individuos considerados pobres y / o clase media que tuvieron éxito en las llamadas instituciones educativas, alcanzando un determinado nivel cultural y / o institucional poder, pero no económico, hasta el punto de que pueden hacerlo para que ya no necesiten trabajar, como asalariados o como profesionales autónomos, para poder, como capitalistas, vivir.

UNIDAD III

MÁS ALLÁ DE LA CONDICIÓN DE MONSTRUOS (RICOS SIN DINERO) FORMADA POR LA ESCUELA

III - LA "CONCIENCIA CRÍTICA DEL YO" Y LA "CONCIENCIA CRÍTICA DEL MUNDO".

Humanizarse, mucho más allá de los procesos de socialización primaria y secundaria, es también un acto de emancipación intelectual, que tiene lugar desde y durante la conciencia crítica. Sin embargo, no todo el que busca la conciencia crítica está, de hecho, emancipado por dos razones:

1- La emancipación intelectual es un proceso de transformación y trascendencia del espíritu conocedor; de conquista de la autonomía para ser, hacer y rehacerse dentro de los preceptos de la humanización;

2- La conciencia crítica, por sí sola, no es más que la conciencia "de". Uno puede darse cuenta de una cosa y no de otra.

Llegamos a un axioma:

A - Para humanizarse, de hecho, el hombre necesita educación, pero no educación alguna;

B - Necesita una educación que le permita, mediante el ejercicio de su conciencia reflexiva, desarrollar:

1- La autoconciencia crítica;

2- La conciencia crítica del mundo.

En este sentido, no se trata, aquí, de las especificidades de la conciencia, sino de algo mucho más amplio, concebido como las amalgamas del acto de humanizarse, aunque teóricamente especificado, con el objetivo de favorecer una mejor comprensión y se sustentan y encarnan en emancipación intelectual.

III. 1 - LA CONCIENCIA CRÍTICA DE SÍ MISMO.

Lejos del humanismo radical de los sofistas; do humanismo Antropocêntrico, sustentado pelas ciências, no qual o homem é colocado e ao mesmo tempo entendido como "a medida de todas as coisas" e, muito mais longe ainda das ortodoxias deterministas, sejam elas científicas ou de qualquer outra natureza, pode-se decir que:

1) El hombre, al ser "un ser social, un animal político", como lo describe Aristóteles, para estar en el mundo, necesita crítica y autocrítica;

2) Quiera o no negar la existencia de Dios, el hombre necesita entender que él no es solo naturaleza, sino que también está dotado de espíritu, razón, impulso y afecto, resumidos en una "condición humana";

3) El hombre necesita saber que está constituido por una unidad de contrarios, es decir, de razón, pulsión y afecto;

4) También necesita saber que, en la búsqueda de la comprensión del conjunto, concretando y particularizando líneas de estudio y / o investigación, el hombre se ha quedado atrapado en diferentes simbolismos, en diferentes formas ortodoxas de ver el mundo, cristalizando y sistematizando paradigmas, lo que impide él de ver la realidad misma, pero solo para ti.

5) El hombre necesita saber que, en la búsqueda de la felicidad, en la búsqueda de la realización personal, puede enfermarse, puede tener pérdidas socio-afectivas, puede morir, interrumpiendo su trayectoria vital.

6) Necesita entender que cuando nace comienza a morir. Es decir, comprender que su existencia constituye una especie de marcha de la muerte.

7) En la búsqueda de la inclusión social, debe ser consciente de que existen, en la sociedad, desigualdades entre los hombres.

8) En la búsqueda de empleo, necesita saber que está insertado en un mundo capitalista y, por

tanto, también meritocrático, competitivo e individualista.

Aunque a primera vista pueda parecer una paradoja, la conciencia de uno mismo, la conciencia de "ser" sobre su "qué hacer humano", no ocurre solo en la Escuela, ni solo en la familia y mucho menos solo en las redes sociales de internet o solo en otros medios específicos de socialización relacionados con el ejercicio de diferentes roles sociales, por varias razones:

1- En la familia existe un cierto nivel de protección, hasta una determinada edad, así como la construcción de jerarquías y estigmas entre los individuos, que les impiden enfrentarse, de manera directa, con las relaciones desiguales de la vida social y de la vida social. construyendo una imagen, una verdadera autoconciencia.

2- En la escuela, en cambio, existe la difusión e interiorización, en el individuo, de conocimientos eruditos que lo enajenan, como lo eluden, diciendo que sólo la apropiación de este tipo de conocimientos es capaz de llevarlo a la prosperidad; a mejores condiciones de vida. Además, en la escuela se valora la adquisición de contenidos y no el desarrollo de la creatividad; Se valora aprender pensamientos y no aprender a aprender o aprender a pensar.

3- En internet no existen relaciones de confianza o validez de conocimiento, así como incertidumbres sobre su calidad.

4- En el ejercicio de los roles sociales está la prisión del ser, estereotipos y estigmas, que impiden que el ser sea algo más allá de él, en su tiempo y espacio.

En los grupos favorecidos, la autoconciencia tarda más en producirse, ya que esta protección familiar dura más, al igual que los años de escolarización. En los grupos desfavorecidos, la protección familiar termina temprano, al igual que la protección escolar a menudo.

Jugado precozmente en la sociedad del capital, uno descubre, de buena gana o no, una realidad catastrófica, implícita en las circunstancias de la vida cotidiana. Estas relaciones sociales le imponen la necesidad de una constante toma de decisiones. En estos grupos menos favorecidos, un potencial emancipatorio se desarrolla temprano a partir de la experiencia, pero pronto se atrofia, ya que, al cuestionar la propia existencia frente a los problemas sociales, no es posible entenderlo en términos de forma enriquecedora y cualitativa, por falta de conocimiento. una sólida formación cultural.

En otras palabras, la conciencia no se expande y cristaliza, se especifica y se limita como una inconsciencia del todo o como una conciencia "de".

Sin embargo, cuando por alguna razón, aún siendo liberado temprano en el mundo, por la familia, este ser aún logra continuar en la escuela, continuando sus estudios posteriores, allí tiene la posibilidad de confrontar el conocimiento de la vida con el conocimiento erudito y construye tu propia visión de ti mismo. Ahora es capaz de analizar, comparar, cuestionar, sintetizar, dar sentido, dudar, empezar a pensar, dar sentido a su existencia. Comienza a tener la posibilidad de construir estrategias de lucha y resistencia contra su condición de excluido social.

En los grupos económicamente favorecidos, esta autoconciencia a veces ni siquiera se da cuando la protección familiar pasa desde la edad adulta y, en la misma medida, se amplía la adquisición de conocimientos eruditos.

La erudición por sí sola, lejos de la experiencia, no permite que el ser desarrolle una conciencia crítica de sí mismo, sino que cristalice e interiorice, la alta

97

cultura como única vía para interactuar con el mundo, alejándose de la humanización, alejándose. De la necesidad de dar un sentido a la existencia misma. De la misma manera, solo la experiencia no es capaz de hacer consciente el ser de sí mismo, sino de permitir que se degrade, que se aplaste a sí mismo, que se destruya por las jerarquías sociales, por las desigualdades entre los hombres, interiorizando estigmas, estereotipos y limitando su existencia. posibilidades de existencia.

La autoconciencia crítica implica comprender su rol individual y social. Para comprender, por ejemplo, por qué, para qué y para quién trabajas, así como por qué y para qué estudias.

Además, en qué se trabaja o se debe trabajar, o qué se estudia y qué se debe estudiar. Este tipo de preguntas no las hace ni la familia ni la escuela, y si alguien las hiciera, seguramente responderían algo que no iba en contra de sus propios intereses, es decir, que estaba asociado con el dinero y el estatus social. No está diciendo que la adquisición de dinero a través del trabajo y el estudio no sea importante, sino que la adquisición de dinero debe ser la consecuencia y no la causa de la existencia misma.

Por otro lado, tomar conciencia de la contradicción que todo ser lleva dentro de sí, estar dotado de razón, pulsión y afecto, daría al ser la conciencia de que su angustia pasa por la angustia de los demás, así como sus necesidades y sus aspiraciones.

En esta comprensión, las contradicciones sociales y las diferencias sociales se entienden de forma activa, es decir, construyéndose psicosocialmente y, al mismo tiempo, organizándose colectivamente.

El hombre comienza a emanciparse intelectualmente cuando, en su existencia como homo "faber" y homo "intelectos", descubre que su ciudadanía, a pesar de ser un derecho, necesita ser conquistada, así como su humanización, a pesar de ser un fin de "Ser" hombre. Un logro personal, cuando se empodera y trasciende su realidad hostil; un logro colectivo, cuando se organiza para el bienestar común.

La autoconciencia implica respeto por el otro, pues se entiende que la cristalización del "yo" en "sí mismo" es un ideal innecesario y catastrófico, que culmina en el individualismo con todos sus males. La autoconciencia es el primer paso hacia la emancipación intelectual, porque es a partir de ella que el ser humano llega a comprender la necesidad de cuestionar su rol, su función social en el mundo en el que vive.

Es también el momento en que puede empezar a ver al otro bajo las bases epistemológicas que se ve a sí mismo, es decir, como un ser que tampoco necesita humanización. La autoconciencia pone al ser humano en el camino de la humanización porque no hay nada más humano que poder preguntarse y preguntarse: preguntar al mundo, dejar claro a este mundo que uno está vivo, que existe, que está atento. a él; preguntarse, descubrir que es necesario pensar (investigar, analizar, sintetizar, dudar, concluir, conceptualizar, comparar, responder, dudar de sí mismo y de todos). En este proceso de autoconciencia se empieza a comprender que el hombre no es el ser humano, sino que, como diría Nietzsche, "el hombre es un puente que va del animal más allá del hombre". El más allá del hombre es el "ser humano". Pero hay puentes que llevan al hombre a las cárceles, al determinismo, al inatismo, a los estereotipos, a los estigmas, en fin, lejos de su proceso de humanización.

III. 2 - LA CONCIENCIA CRÍTICA DEL MUNDO.

A medida que la autoconciencia se expande, la conciencia del mundo se desarrolla en un proceso "uno-dual". Sin embargo, este segundo va mucho más allá de la mera comprensión de la sociedad, con sus diferencias sociales.

También pasa por la comprensión del "otro", en sus distintas facetas; entendiendo el mundo natural; transformando acciones que surgen de la comprensión, que surgen del descubrimiento, a través de la conciencia, de sus posibilidades de cambio.

También implica la comprensión de los procesos históricos que llevaron a la culminación del mundo en el que vivimos, así como los impactos y cambios provocados por los desarrollos de la ciencia, especialmente los tecnológicos, así como

102

sus consecuencias para la vida en el planeta. . La adquisición de conocimientos eruditos en este proceso es necesaria, pero también sólo conocimientos eruditos, para que esta conciencia no sea eficaz. Por dos razones:

a- La historia de relaciones conflictivas entre diferentes grupos sociales no es confiable, ya que siempre se cuenta desde la perspectiva de quienes permanecieron en el poder y, por lo tanto, lleva una máscara, una esencia ideológica, para mantener el "status quo";

b- Asimismo, se difunde el conocimiento erudito: no se revelan las paradojas del desarrollo científico, como sus impactos sociales y ambientales y su legítima subordinación a los valores del Capital, en sus múltiples intereses.

Por otro lado, como mencionamos, la conciencia del mundo como aquello que viene de la familia, internet o la representación de roles sociales tampoco permite esta conciencia del mundo porque, al ser particularistas, les aportan imprecisión, incoherencia y fragmentación, características del sentido común y del conocimiento del sentido común.

Como en el proceso de toma de conciencia de uno mismo, el proceso de toma de conciencia del mundo se da también en el enfrentamiento diario de lo vivido con lo aprendido en las instituciones educativas, dialécticamente. En este choque se revelan paradojas y se muestran los verdaderos rostros de estos dos campos del conocimiento. En este choque, existe, en un primer momento, la posibilidad de problematizar la realidad. En un segundo, esta problematización se expande y se descubren dos paradojas esenciales:

1- Que no todo lo que se aprende en las instituciones educativas es válido;

2- Que no todo lo que circula en sentido común es inválido.

Es importante decir, sin embargo, que la conciencia del mundo que tiene el individuo está condicionada por el mundo en el que vive, es decir, por los valores que lo subyacen.

Dependiendo del mundo en el que vivas, puedes tener esta o aquella cosmovisión. No estamos hablando del tema desde un mero punto de vista, sino de la condición social, cultural y económica del ser. Los grupos étnicos o grupos sociales que están o han sido marginados a lo largo de la historia, independientemente de la interpretación del conocimiento académico sobre este tema, tienden a hacer prevalecer en ellos una comprensión del mundo capturada por su realidad sensible y, cuando se conoce, por su realidad histórica.

Aunque se trata de un proceso de concienciación, aunque crítico, no puede ni debe entenderse como un camino seguro hacia la emancipación intelectual, por otras dos razones:

1- La comprensión del mundo en el que se vive, así como la autoconciencia, prescinde del desarrollo del propio yo, basado en el enfrentamiento del saber erudito con la experiencia de un espíritu cosmopolita que, siendo cosmopolita, es capaz de conmover. a través de las diferencias.

En otras palabras, el individuo necesita ser parte, sentirse parte, por su comprensión, de una cultura planetaria sin perder, sin embargo, sus referencias étnicas. Necesita estar consciente del mundo macro y del micro mundo.

2- Es necesario comprender que todo hombre, por ser hombre, pertenece en su base, a una etnia planetaria.

Las diferencias culturales entre los hombres no los separan de esta base, sino que solo los enriquecen desde un punto de vista antropológico. Así, la conciencia del mundo del hombre debe permitirle actuar, sentir y pensar lejos del nacionalismo o del particularismo, pero en sintonía con causas particulares y planetarias. Es decir, cuando el hombre desarrolla una conciencia planetaria, naturalmente abandona las posturas genocidas, xenófobas, racistas, porque también desarrolla la capacidad de respetar y convivir con las diferencias, sean las que sean.

Además, porque él es y se entiende a sí mismo no sólo como una parte sino también como un todo, al mismo tiempo diferente e igual a todos los seres humanos, puede aprender de ellos y ser aprehendido por ellos. En este sentido, la emancipación intelectual, como acto de libertad y autonomía para moverse y dialogar con las diferencias y diferencias, en la búsqueda de lo nuevo, es también epistemológicamente una ruptura con las fronteras jerárquicas del conocimiento. No solo con respecto a las disciplinas académicas, sino también con respecto a los valores que subyacen a las diversas concepciones del mundo. La conciencia del mundo no puede tener lugar desde el microcosmos gnosiológico en el que vive el ser. De esta manera, si es así, el individuo sólo adquiere la conciencia "de", la conciencia de cualquier especificidad y no se emancipa intelectualmente, porque sus acciones apuntan a resolver la parte y no el todo.

Extremadamente particular, se excluye del todo, se excluye del mundo, como si actuara contra sí mismo, dominado por la ideología ortodoxa de preservarse a sí mismo, aunque de manera inconsciente.

Es de destacar, sin embargo, que la emancipación intelectual no pasa ni prescinde de la incorporación de todo conocimiento, incluso porque eso sería imposible. Es una ligereza de espíritu donde no descansan ni las ortodoxias ni los paradigmas ortodoxos, ni las verdades absolutas ni el escepticismo absoluto, sino una apertura a lo nuevo. Es el entendimiento de que el mundo, culturalmente hablando, no necesita ser igual para que las personas tengan el derecho y el acceso a la equidad.

La conciencia del mundo, en este sentido, implica también una comprensión del "otro", del "no yo", del llamado "extraño", del diferente. La emancipación intelectual, como proceso de humanización, reside y se fundamenta en la dinámica de la convivencia: no querer ser el "yo siempre", ni el "otro completamente". Es decir, consiste en poder aprender y poder ser aprehendido por los diferentes para vivir, para ver mejor el mundo, para transformarlo sin, sin embargo, convertirse en él y viceversa. La emancipación intelectual, este proceso de humanización, comienza cuando, intencionalmente, uno se mueve hacia el otro, incorporando parte de él que nos hace aún más humanizados, mejores de lo que podemos estar solos, más emancipados que siendo rehenes del yo. Sin embargo, sin, en este proceso, Pero, por otro lado, acosar al otro por no considerarlo como un ser digno de aprehensión, por no considerarlo solo como perteneciente a una cultura diferente, sino como una aculturada, nos empuja hacia nuestro propio yo, como si nuestro yo. Eran un solo dios, digno de aprecio, y todos los demás seres de otras contingencias. La comprensión del mundo, en este sentido, tiene una conexión directa con la comprensión del yo: si el ser se ve a sí mismo como algo completo y terminado, cerrado, entonces lo nuevo, diferente, se enriquece en este universo de "extraños", según él, no puede encajar en sí mismo, pero sólo él, su yo, encaja en los demás.

Esta autocomprensión nacionalista lleva a este ser a sistematizar los monólogos: a querer hablar siempre y no escuchar nunca; querer siempre que sus ideas prevalezcan sobre las demás; cerrarse en un mundo de iguales, jerárquicamente hablando; querer ser siempre él mismo: el mismo siempre.

En otras palabras, este nacionalista quiere que los demás vean el mundo como él lo ve, y en el otro extremo, que sea como es y que comparta sus principios y valores. Es una especie de voluntad de catequizar al otro, sostenida bajo la égida de la intolerancia al diferente, de la misma manera que se crean conjeturas para el diferente, de uno mismo, a partir de la cristalización del yo mismo. otros deberían serlo.

La emancipación intelectual y la humanización, en este aspecto, van más allá de la necesidad y condición de una mera erudición del ser, pero también van más allá del conocimiento adquirido en la experiencia, en la experiencia sensorial de cada ser. Se produce a partir de la incorporación de una postura gnosiológica entre las diferentes formas y tipos de conocimiento, empoderando al ser para poder actuar y transformar el mundo, desde acciones individuales y colectivas, en un espacio-tiempo más equitativo, más participativo, porque también tolerante y respetuoso con las diferencias.

La emancipación intelectual, la humanización, es una forma inter, multi y, al mismo tiempo, dialógicamente transdisciplinar de ser en y con el mundo. Es, en un sentido filosófico y pedagógico, aunque para algunos pueda resultar utópico, una forma de entender el mundo más allá de los paradigmas disciplinares, más allá de las fronteras del conocimiento, más allá de la xenofobia, las ortodoxias y, además de poder aprender de él, déjate aprehender tú también. Es la acción intencionada, deliberada de construir una conducta ética, crítica, autocrítica, antinacionalista, basada al mismo tiempo en el estudio, la investigación, pero también en la existencia, en aprehensiones empíricas vividas, vividas, para, con esto, dialógica, pedagógica y dialéctica, para poder superarse a sí mismo, para superar los simbolismos unilaterales de todo conocimiento,

Es negarlos: negar siempre sus formas llamadas "únicas", "verdaderas o correctas" de entender el mundo y de sí mismo.

Tanto el humanismo radical de los sofistas, en el que se entendía al hombre como "la medida de todas las cosas", como el teocentrismo, el antropocentrismo, las ciencias y otras formas de conocimiento, llevaron a la humanidad a un laberinto. Es decir, a cosmovisiones particularistas, impregnadas de dogmatismo, frente a formas mitológicas de ver el mundo. En la ciencia, por ejemplo, hay cada vez más disciplina, especificación de conocimientos y, en la misma medida catastrófica, ausencia de diálogo entre ellos. Se necesitan diferentes visiones del mundo: innecesarios son los abismos que cristalizan y sistematizan entre ellos.

No hay una convivencia dialógica entre saberes, sino una jerarquía, una especie de xenofobia epistemológica entre ellos.

Para emanciparse intelectualmente, para humanizarse, el hombre necesita ser indisciplinado, en el sentido de no estar atado a disciplinas, paradigmas ortodoxos del conocimiento, abstracciones académicas y trascender dialógicamente los abismos entre ellos. Sin embargo, solo esta erudición, aun así, no es el camino de la emancipación intelectual, de la humanización, porque este camino, a diferencia de otros caminos, no es un don, un método, sino un logro, es decir, se hace caminando. Es necesario que esta erudición se confronte dialécticamente con la realidad sensible del ser, con su existencia, con su experiencia. La naturaleza creó al hombre. Sin embargo, le corresponde al hombre, en el ejercicio de su racionalidad, el deber de emanciparse intelectualmente, por la ley y, en consecuencia, por el deber de ser libre, convertirse en ser humano.

Es decir, conquistar su humanidad, precisamente desde el momento en que, al ser liberados en el mundo, lo encuentran extraño, pasan náuseas y descubren que el mundo en el que viven no tiene la humanización como valor.

ADJUNTO ARCHIVO

I - CUANDO LA EDUCACIÓN NO ES LIBERADOR Y / O CUANDO LOS POBRES Y / O MISERABLES "PIENSA" QUE SON RICOS.

I

Durante casi tres décadas, la última década del siglo XX para ser más exactos (1990), según datos del IBGE, los niveles de pobreza en Brasil[9]eran alarmantes: del orden de 40 a 50 millones de personas en una población de aprox. 150 millones. A nivel mundial, también en este

[9]La edición del 30 de noviembre de 2017 de la revista VEJA trae la terrible comprensión de que el número de personas miserables en el país ha aumentado nuevamente. Si entre 2004 y 2014 aumentó el número de brasileños que salieron de la pobreza, gracias al crecimiento económico, la creación de empleo y los programas de asistencia, a partir de 2015 la realidad se agrava. El tema es uno de los problemas crónicos del país. El 19 de diciembre de 1990, con la portada "Os Miseráveis - Nunca hubo tanta gente viviendo en la calle", la revista mostró que, hace 27 años, también se conocía profundamente la desigualdad, y aun así, casi no se hizo nada. .
Fuente: https: //veja.abril.com.br/blog/reveja/em-1990-miseraveis-invadiam-as-grandes-cidades-do-pais/

mismo período, según la ONU, algo alrededor de 1.200 millones (Hoy hay alrededor de 1.700 millones de personas miserables en el mundo).

No estamos hablando aquí, vale la pena aclarar, no de los llamados casos de pobreza, como algunos pueden pensar erróneamente, sino de los casos de pobreza en sí. Es decir, estamos hablando de la situación de las personas que sobrevivieron (y no vivieron), desempleadas o subempleadas, ya que aún hoy en Brasil y en todo el mundo muchas sobreviven, con menos de 1 o 2 dólares al día, privadas de una vivienda digna. ; nutrición apropiada; acceso a los sistemas de salud, educación, saneamiento básico, transporte, esparcimiento, etc.

Para hacerse una idea de este trágico período brasileño, las personas consideradas pobres por el IBGE, que tenían un solo trabajo o una fuente de ingresos razonable, se creían alienadas pertenecientes a la clase media; y la clase media, incluso baja, dado el extremo nivel de exclusión social que sufre una gran parte de la población brasileña, estaba absolutamente segura de que también era rica. Muchos de los locos de clase media, por ejemplo, cuando, por cualquier motivo ajeno a la razón, discutieron o se enfrentaron con personas que consideraban pobres, miserables o más pobres que ellos, salieron arrogantemente diciendo: "¿Qué pago como impuesto, tú? ¡Ni siquiera recibas un salario!".

También era bastante común, en este período, que estas mismas personas de clase media que se creían ricos, presumieran de tener choferes y jornaleros o sirvientas, es decir, empleados que mantenían sin pagar ningún derecho laboral, solo para intentarlo. para convencerse a sí mismos o convencer a los demás de que en realidad también pertenecían a la élite.

En la misma línea, desde ese período, también ha habido un gran número de esos candidatos o gobiernos populistas que se levantaron y / o se levantaron prometiendo acabar con la pobreza o la miseria del pueblo. En la época de Sarney (1985-1990), por ejemplo, el gobierno distribuía billetes de leche, etc. En el corto gobierno de Collor (1990-1992), como un supuesto intento de reducir la inflación, hubo un control de precios, e incluso el bloqueo de cuentas de ahorro con valores superiores a 50 mil cruzados.

En las dos administraciones de la FHC (1995-2002), hubo una promesa falaz de generar empleos a partir de las numerosas privatizaciones creadas (período de sistematización del neoliberalismo y el estado mínimo en Brasil); y también acabar con el hambre o la miseria fomentando la creación de las llamadas ONG (organizaciones no gubernamentales). Muchos, por ejemplo, todavía pueden recordar la campaña del difunto Betinho, titulada "Acción ciudadana contra el hambre, la miseria y por la vida", y también muchas otras, que contó con el apoyo directo e indirecto del gobierno federal. La miseria y la pobreza, sin embargo, durante estos gobiernos o períodos, como se sabe, nunca fueron erradicadas ni siquiera disminuidas. Todo lo contrario: según el (IBGE) y la (ONU), absurdamente, aumentaron aún más.

II

En los gobiernos de Lula[10](2003-2010, que ganó notoriedad internacional y gran publicidad en los medios brasileños), sin embargo, surge un nuevo método para erradicarlos (pobreza y miseria), que resultó ser bastante efectivo: la

---

[10]Luego de ocupar el segundo lugar en las elecciones electorales entre 1989 y 1998, Lula fue electo presidente de la República con más del 61% de los votos, en 2002. En ese período, estableció la lucha contra el hambre como una prioridad, lanzando la campaña "Hambre Cero "Proyecto. Según una encuesta realizada en 2001, había aproximadamente 46 millones de personas en situación de "inseguridad alimentaria", que no consumían los alimentos necesarios para estar adecuadamente nutridos. Relacionados con "Hambre Cero" estaban los programas de educación alimentaria y el proyecto "Bolsa Família". La "Bolsa Familia" es un valor que se brinda a las familias en situación de pobreza o pobreza extrema. Esta ayuda ya existía en elGobierno antecesor de Fernando Henrique Cardosodivididos en cuatro programas (ayudas para la compra de gas, alimentos y útiles escolares), durante el gobierno de Lula se unificaron y ampliaron. (fuente:*Natalia Rodrigues: Máster en Historia (UERJ, 2016); Licenciada en Historia (UERJ, 2014))*.

gente comienza a creer, por ejemplo, que, además de la implementación de medidas asistenciales paliativas como los programas "Hambre Cero", "Bolsa-Familia", etc., también fue necesario sistematizar créditos, con tasas de interés más bajas, para la población socialmente excluida.

Además, con el objetivo de reducir las estadísticas de desempleo o generar posibilidades de acceso a los ingresos, no solo se busca generar empleo de la manera tradicional como en otros gobiernos, sino también desarrollar, en los llamados pobres y / o miserables, el deseo de voluntad de convertirse en emprendedores o microempresarios. A partir de ese período, en todo Brasil, las iniciativas o prácticas de SEBRAE comenzaron a ser valoradas y sistematizadas aún más, con el apoyo del Gobierno Federal.[11]. Estas

---

[11]El Servicio Brasileño de Apoyo a la Micro y Pequeña Empresa (SEBRAE) es una entidad privada brasileña de servicios sociales sin fines de lucro creada en 1972, que tiene como objetivo capacitar y promover el desarrollo económico y la competitividad de las micro y pequeñas empresas, estimulando el espíritu empresarial en el país. Es parte de Sistema S, un grupo de nueve instituciones que apoyan a los profesionales. SEBRAE

medidas, como era de esperar, a corto y medio plazo, tuvieron efectos.

En pocos años, Brasil había dado un salto económico. Es decir, según encuestas de FGV, FUNCEC - investigación, docencia y extensión, BID, etc., por ejemplo, desde principios de 2003 hasta mayo o junio de 2011 (período de las dos administraciones de Lula), sólo las llamadas CLASE C (clase media baja) había recibido alrededor de 39,9 millones de graduados de CLASE D y E (clase de los llamados pobres y / o miserables). Esto significó o indicó, en ese momento, en esencia, una reducción sustancial o erradicación de la desigualdad económica en el país.

Era común en este período, por ejemplo, ver a los pobres y / o miserables (jóvenes y adultos) colocando a sus padres o abuelos para hacer

---

también trabaja con un enfoque en el proceso de formalización de la economía a través de alianzas con el sector público y privado, programas de capacitación, ferias y mesas de negocios. Parte de este esfuerzo ganó visibilidad con la aprobación de la Ley General de la Micro y Pequeña Empresa, en diciembre de 2006. Una de las disposiciones de la Ley General, el Simples Federal, ya reglamentada, préstamos de nómina, con tasas de interés más bajas, con el fin de incrementar su consumo, y también construir su propia pequeña empresa. Poco tiempo después, a través de políticas públicas, también se hicieron esfuerzos para facilitar la legalización de estas mismas nuevas microempresas, incluyendo los bancos estatales (Banco do Brasil y Caixa Econômica Federal) como los principales impulsores del financiamiento de los citados propietarios de pequeñas empresas.[12] *que empezó a aparecer en el país*. Se ha vuelto común, en Brasil, ver a los antiguos pobres y / o miserables, ahora en la condición de los llamados microempresarios o microempresarios (la llamada

---

[12]En el segundo período de la administración Lula se controló la inflación y se redujo la tasa de desempleo. Para desarrollar la infraestructura del país, en 2007 se creó el Programa de Aceleración del Crecimiento (PAC), que construyó puertos, carreteras, vías férreas e invirtió en saneamiento básico. Con el crecimiento de la economía brasileña, el país se unió al Bloque de Países Emergentes (BRIC) también formado por Rusia, India y China, en 2011. El crecimiento económico brasileño también lo llevó a unirse al G-20, constituido por la Unión Europea y las diecinueve economías más grandes del mundo. La crisis económica mundial de 2008 tuvo poca resonancia en Brasil, generando un clima de optimismo. Además, hubo el descubrimiento de depósitos de petróleo debajo de las capas de sal en el suelo, lo que se conoció como pre-sal,

nueva clase media), financiar automóviles, casas, departamentos, viajes internacionales, etc. Muchos de ellos incluso empezaron a comprar coches de lujo a plazos fuera de la vista; y financiaron departamentos en los llamados nuevos barrios ricos de Río de Janeiro. "OK. ¿Y entonces? ¿Dónde está el problema, si es que realmente lo hay? " - Ciertamente muchos deben estar preguntándose a sí mismos, con el objetivo de concatenar mejor sus propias ideas, queriendo desvelar la lógica u objetivo del texto.

Yo explico:

El problema (muchos desconocían y aún hoy lo desconocen) radica en lo obvio, pero al mismo tiempo no simple y complejo: "Cuando la educación no es liberadora, el sueño de los oprimidos se vuelve, no solo el de querer ser libre de la opresión, pero también el de querer convertirse en opresor "[13](Freire, P. Pedagogía del

---

[13]Hubo un aumento en los niveles de escolaridad. Se creó el Programa Universidad para Todos (Prouni), que otorga becas en

oprimido). En otras palabras, el problema radica en el trágico hecho de que, cabe destacar, "los llamados pobres y / o miserables del pasado, a pesar de que todavía lo son realmente, es decir, no se han hecho realmente ricos como creen". o creen que se quedaron, no se ven y / o tampoco se sienten, ideológica o psicosocialmente hablando, más pobres y / o miserables ". Es decir, alienados por el sistema capitalista, creyéndose ricos sin serlo, hoy también piensan y / o actúan:

    1- Como capitalistas salvajes;
    2- Como seres consumidores de cosas y personas;

---

universidades privadas a estudiantes necesitados. Este programa fue ampliamente criticado, ya que se destinaron fondos para universidades privadas que podrían aplicarse a universidades públicas. Durante este período, más de 20 millones de personas salieron de la pobreza y entraron en la clase C (con un ingreso familiar entre 1126 y 4854 reales). Este fenómeno fue considerado como inclusión social; ya que, en la perspectiva neoliberal, el crecimiento del ingreso está asociado a la inclusión social, incluso si esta porción de la población no tiene acceso a servicios de calidad en sectores básicos como la educación y la salud.*Natalia Rodrigues: Máster en Historia (UERJ, 2016); Licenciada en Historia (UERJ, 2014)).*

3- Como seres individualistas, meritocráticos, elitistas, etc.

Incluso se puede ilustrar esta nueva situación de los pobres y / o miserables (que hoy se creen ricos sin serlo realmente) de una manera aún más didáctica, pero no menos trágica o irónica: el divertido compositor Dicro, en vida y filmado. por los medios de televisión en situaciones que creía que llevaba la vida de ricos o de élite, sonriendo de manera lúdica, por ejemplo, expresó que, si alguna vez había sido pobre, tampoco lo recordaba. Hoy, amanecer del siglo. XXI, por increíble o absurdo que nos parezca, esto es exactamente lo que les ha sucedido a personas que provienen de entornos pobres y / o miserables, pero que, alienadas por el sistema, también creen que realmente las han superado (pobreza y / o miseria) por el simple hecho de haberse convertido en emprendedores o microempresarios en los gobiernos de Lula. Este hecho, sin lugar a dudas, explica ciertamente por qué, hoy, según datos del IBGE, a pesar de que sólo hay aproximadamente 167 mil millonarios en

Brasil; y que también hay solo unos diez multimillonarios que, juntos, poseen la misma cantidad de dinero que la mitad de la población brasileña (alrededor de 100 millones de personas), esas mismas personas de entornos pobres y / o miserables (que hoy se creen ricos por el hecho de que se han convertido en microempresarios o microempresarios) también identifican y defienden las mismas ideas y / o valores de las clases elitistas.

Pensa-se, nesse sentido, que os governos-Lula, dito dos trabalhadores, com as suas políticas de dita inclusão social destituídas do acesso paralelo do excluído (pobres e/ou miseráveis) a uma educação libertadora, criaram não somente as ditas aberrações de clase media[14] (1- aberraciones políticas: seres fascistas; 2-aberraciones éticas: seres violentos; y 3- aberraciones cognitivas: seres ignorantes), pero también fabricaron el aumento de sus propios enemigos ideológicos. En otras

---

[14] Término o concepto creado por Marilena Chauí para definir o entender la clase media brasileña.

palabras, hicieron que la clase trabajadora (clase media, pobre y / o miserable) "pensara" de la misma manera que "piensan" los capitalistas salvajes, volviéndose individualista, meritocrática y consumista.

UN CASO PARA PENSAR

I

Un día a fines de junio de 2018 (año de las elecciones presidenciales en Brasil), en un condominio conocido como millonarios, por invitación de amigos, me encontré (en un diálogo informal sobre economía, política, etc.) uno de estos tan -Los llamados nuevos graduados de las clases D y E (que ahora se creían ricos), cuyo apartamento, automóvil, etc., según él, me dejaron escapar, estaban / están todos financiados hasta donde alcanza la vista, y que tenían / tienen también, como único buen dicho, (su forma de trabajar y / o garantizar el sustento de la familia) un pequeño negocio, defendiendo los intereses de la élite económica. Haciendo uso del conocido Método socrático (ironía y mayéutica) le pregunté, inicialmente, de forma tranquila y educada, cuántos meses o años podría vivir sin trabajar. El ciudadano, por supuesto, no respondió. Luego modifiqué: le pregunté si él, a partir de ese día, podría comenzar a comprar o consumir todo lo que consumiera o comprara en efectivo, y por cuánto tiempo. Por la expresión facial de mi interlocutor, inmediatamente me di cuenta de que finalmente había recobrado el sentido sobre el calamitoso estado de exclusión socioeconómica y / o alto nivel de pobreza o miseria en el que había estado viviendo durante algún tiempo. Sin embargo, como también era de esperar, no me dio una mano para la esperanza: prefirió gruñir algunas frases sin sentido, casi maldiciéndome, evitando, a partir de ese momento, seguir dialogando conmigo. En otras palabras, se convirtió en mi enemigo.

Lo último que tuve la oportunidad de decirle, y que, lo confieso, no sé si me ha entendido bien hasta ahora, fue que "la verdadera élite económica no trabaja por dinero", es decir, que es la que pone el dinero a trabajar para ella. En otras palabras, le dije que la verdadera élite económica era la que, con interés chupador de sangre, financió la creación de todas las llamadas microempresas, incluida la suya, así como todas las voluntades consumistas de la clase media, la pobres y miserables, y que eran / son todos sus esclavos posmodernos.

II

De todos modos, lo que se quiere decir es que, en el Brasil de hoy, aunque todavía hay, económicamente hablando, miles de pobres y / o miserables, estos mismos pobres y / o miserables, como microempresarios o emprendedores, no ven o no ya se siente pobre y / o miserable. Y, lo peor de todo: incluso sin dinero, sin pertenecer a la élite económica, esta gente "piensa" y / o actúa como capitalistas salvajes. Para aquellas personas que alienadamente se creen ricas o pertenecientes a la élite económica, las personas pobres o miserables son siempre los demás, nunca ellos: siempre son las que no tienen poder de consumo o que tienen menos o menos poder adquisitivo que el suyo, que es decir, que no pueden financiar o parcelar, hasta donde alcanza la vista, con cuotas que quepan en sus bolsillos o en dicho presupuesto familiar, sus deseos o anhelos de consumir. En este sentido, es comprensible por qué, en un país donde la mayoría de los ciudadanos son o siguen siendo pobres y / o miserables (un país donde solo hay 167.000 millones de millonarios), los votantes también han comenzado a votar por candidatos que representan los intereses de la población. élites económicas.

Referencias:

REYES, Daniel Aaron (org.). Modernización, dictadura y democracia: 1964-2010. Río de Janeiro: Objetivo, 2014.

Bobbio, Norberto. El concepto de sociedad civil. Río de Janeiro: Ediciones Graal, 1982.

BIBLIOGRAFÍA DE ANTROPOLOGÍA SOCIAL

BEALS, Alan. Antropología cultural. México / Buenos Aires, Centro Regional de Asistencia Técnica, 1971.

BENEDCT, Ruth. El crisantemo y la espada. São Paulo, 1971, perspectiva.

GEERTZ, Clifford. La transición para la humanidad. En Sol Tax (ed.), Panorama de Antropología, 1966. Río de Janeiro, fondo de cultura.

BOURDIEU, Pierre. Razones practicas. 4. Ed. Campinas: Papirus, 1996.

KEESING, Felix. Antropología cultural, Río de Janeiro, 1961. Antecedentes de la cultura.

KROEBER, Alfred. "Lo superorgánico", en Donald Pierson (ed.), Estudios de organización social. São Paulo, 1949, editorial librería Martins.

LARAIA, Roque de Barros. Cultura: un concepto antropológico. 18. Ed. Río de Janeiro. Jorge Zahar Editor, 2005.

LÉVI-STRAUSS, Claude. El pensamiento salvaje. São Paulo, Cia. Editora Nacional, 1976.

BLOQUEO, John. Ensayo sobre el entendimiento humano. Colección Pensadores, São Paulo, Abril Cultural.

MERCIER, Paul. Historia de la Antropología. Río de Janeiro, Civilización brasileña, 1977.

SAHLINS, Marshall. Cultura y medio ambiente: el estudio de la ecología cultural, en Sol Tax (org.) Panorama de la Antropología. Río de Janeiro, Fondo de Cultura.

_ Cultura y razón práctica. Río de Janeiro, Zahar Editor.

VELHO, Gilberto y VIVEIROS DE CASTRO, Eduardo. "El concepto de cultura y el estudio de sociedades complejas". Cuadernos de Cultura. USU (Universidade Santa Úrsula), año 2, nº 2, Río de Janeiro, 1980.

BIBLIOGRAFÍA DE FILOSOFÍA, POLÍTICA Y EDUCACIÓN

APPLE, M. Educación y poder. Porto Alegre: Artes médicas, 1989.

BOURDIEU, P. Reproducción. Río de Janeiro: F. Alves, 1975.

LA COLECCIÓN THINNERS: relacionada con el pensamiento de Aristóteles, Sartre entre otros.

COSTA, Cleberson Eduardo da. Emancipado y mediocre. Rio de Janeiro. Amazon.com, 2012.

COSTA, Cleberson. La complejidad de lo obvio. Rio de Janeiro. Club de Autores, 2012.

DELORS, Jacques. Educación para el siglo XXI: preguntas y perspectivas. Puerto Alegre. Artmed, 2005.

FREIRE, Paulo. Pedagogía de la autonomía. San Pablo. Paz y Tierra, 1996.

FRIGOTTO, Gaudencio. Educación y crisis del capitalismo real. São Paulo: Cortez, 1996.

GENTILI, P. y FRIGOTTO, G. (ORG). Ciudadanía denegada: políticas de exclusión en educación y trabajo. São Paulo, Cortez, 2002.

ARENDT, Hannah (1949): Orígenes del totalitarismo.

ARENDT, Hannah (1950): ¿Qué es la política?

ARENDT, Hannah (1957): La crisis de la educación.

ARENDT, Hannah (1958): la condición humana.

ARENDT, Hannah (1961): Entre el pasado y el futuro (Extractos).

ARENDT, Hannah (1971-78): la vida del espíritu.

ARENDT, Hannah (2000): La portátil Hannah Arendt...

ARENDT, Hannah (1977): Conferencias sobre la política de   Kant.   filosofía

ARENDT, Hannah (1958): la condición humana
ARENDT, Hannah (1963): Sulla rivoluzione

SAVIANI, Dermeval. Escuela y Democracia. San Pablo. Cortez, 1998.

MORIN, E. Los siete conocimientos necesarios para la educación del futuro. San Pablo. Cortez; BRASILIA: UNESCO, 2001.

RANCIÈRE, Jacques. El maestro ignorante: cinco lecciones sobre emancipación intelectual. Belo Horizonte: auténtico, 2002.

BIBLIOGRAFÍA BÁSICA DE FILOSOFÍA

BOBBIO, Norberto et alii. Diccionario de políticas. Trans. Luiz guerrero Pinto Cacais et alii. Brasilia, Ed. Universidad de Brasilia, 1986.

BOBBIO, Norberto. El concepto de sociedad civil. Río de Janeiro, 1995.

BOCHENSK, Innocentius Marie. Filosofía contemporánea occidental. Trans., Coord. Y rev. Alfredo Bosi. São Paulo, Mestre Jou, 1982.

CHÂTELET, François, dir. Historia de la Filosofía: ideas, doctrinas. Río de Janeiro, Zahar, 1981. 8v.

FOULQUIÉ, Paul. Existencialismo. Trans. J. Guinsburg. 3ª ed. São Paulo - Río de Janeiro, Difel, 1975.

MOUNIER, Emmanuel. Introducción a los existencialismo. Trans. João Bénard da Costa. São Paulo, librería dos ciudades, 1963.

LOS PENSADORES. São Paulo, abril cultural. Colección de la que se utilizaron los volúmenes: Aristóteles, Heidegger, Kant, Locke, Marx, Sartre, Descartes y Francis Bacon.

OTRAS OBRAS IMPORTANTES DEL AUTOR

1 - Emancipado y Mediocre;

2 - Aprender a aprender;

3 - Caminos de humanización y emancipación intelectual;

4 - Pedagogía de la mediocridad;

5 - Catástrofe en la escuela: la negación consentida de derechos;

6 - La complejidad de lo obvio;

7 - Chip de ignorancia;

8 - El amor se aprende amando;

9 - Teoría filosófica de la existencia de Dios;

10 - Plaga de (a) no amados (a).

11 - Cómo crear y administrar una microempresa;

12 - Secretos de prosperidad;

13 - Vivir en prosperidad: el secreto de los árboles frutales;

14 - Apartheid social: tres tipos diferentes de ciudadanos;

15- Apartheid intelectual: productos escolares;

16 - Sociedad corrupta: transgresión y arte racional del disimulo;

17 - Siete (7) lecciones sobre metodología participativa;

18 - Egocentrismo infantil en la edad adulta;

19 - Emancipado y mediocre en el amor;

20 - Emancipados y mediocres en la vida intelectual;

21 - El arte de vivir juntos: respeto por las diferencias;